THE SPIRITUAL
LAWS OF MONEY AND
WEALTH

財富的心靈法則

全面療癒你和金錢的關係
讓錢自動流向你

心靈溝通師
吳中立

金錢的解答之書

序

跟金錢溝通

跟金錢怎麼溝通？你可能覺得奇怪，難道金錢跟人類或動物一樣有靈性、會說話嗎？

是的，我要告訴你的就是如何跟金錢溝通，並學會做一個心靈富足的人。請注意，我說的心靈富足不僅是指善用金錢，也意味著要把自己的生活過得充實、圓滿而快樂，因為這個世界上到處都能見到擁有無數金錢、房產但心靈匱乏、生活不開心的人。

寫下這段文字的時候，金錢好像也在對我說：「嗯，在那些人旁邊，我們過得也不開心。」

心靈富足的人，並不意味著手頭都有很大一筆存款；開著賓士、ＢＭＷ，也不意味著每天都是錦衣玉食。不過，他們從不會對現狀感到失望，因為在他真正需要錢的時候，錢就會很順利地到他手裡，沒有任何阻礙。

金錢自由而充沛，使用者則喜悅而豐足。無論金錢是在他們自己的口袋裡，還是在別人的口袋裡，心靈富足的人都一樣高興。他們相信世界上所有的金錢都是為生命服務、都在為世界繁榮而流動著。他們深知，金錢是一種能量，無處不在且不會憑空消失。因此，世界從不存在金錢的匱乏，只有人類心靈的匱乏。

這本書就是我這些年來，堅持用各種方式跟金錢溝通的結果。

為什麼我要跟金錢溝通呢？

其實，在我的職業生涯中，這本書只是我服務個案、跟大量的個案進行心靈溝通而得到的副產品。

我的職業是心靈溝通師，早期被稱作心理諮詢師、心理醫師，但我現在的工作早已超越了幫助人們開解心理困惑的範圍。在我的職業生涯早期，人們向我諮詢的確實多數是心理方面的問題，後來人們遇到其他領域的問題也會找我諮詢和傾訴，包括情感、婚姻、孩子、婆媳關係、企業經營等等，當中自然也包括金錢和財富。以我的經驗而言，人生的問題絕大部分與心靈有關。

我要面對的客戶群，以及他們想解決的問題愈來愈廣泛。我不是神，該怎樣幫助到他們每個人呢？我知道，每個心靈自身就具有無限的智慧，而我只是一個引導者，引導他們找到自己的心靈潛能，這需要懂得心靈溝通的方法和藝術。

一直以來，我對自己的期許跟別的心理諮詢師不同。我不想一輩子僅僅做一個普通的心理諮詢師，我期望自己成為心靈溝通的大師，不但善於傾聽，真正懂得心靈語言的溝通，同時也深諳世間一切問題解決之道，當然一定也是一個心靈無比富足的人。

我這麼說，絕無任何炫耀自己的意思，也不想神化這一切。因為我堅信，我所做的這一切在本質上相當平凡，是每個人在生活中都可以做到的。人們心裡早已擁有自己想要擁有的一切，包括健康、快樂、財富和資源，而我只是一個能夠引導人們發現這一點的人。現在，我已經愈來愈清楚地認識到，每個領域都有大師，只要人們真的能夠善用其心。即便是我們面臨的困境和問題，裡頭也藏著無盡的財富。

我在這些年穿越了自身遇到的重重人生困境，一路走來，發現正如禪宗所教導的：「煩惱即菩提。」

這本書雖然不能直接告訴你如何去賺更多的錢，但可以引導你如何告別心靈匱乏，從而變得心靈富足。

因此，你注定將擁有很多財富——既包括錢，也包括快樂。我認為，當一個人心靈富足的時候，外在的財富自然會不請自來。金錢是非常喜歡流動的。更重要的是，外在財富只有在心靈富足、平靜而幸福的人身上，才會發揮真正的意義。這也是金錢一再告訴我的訊息。

此外，我還要傳達關於金錢的更多訊息，告訴人們如何善用金錢，讓生活更幸福、快樂而平靜，而不需要犧牲已經擁有的美好事物，例如良好的人際關係、友誼、親情和美麗的生活環境。

這既是我的願望，也是金錢的願望。

目錄

第三章

第四章

第五章

第六章 向內心尋找答案

第七章

第八章

第一章

跟金錢
的第一次溝通

萬物都可以溝通

我會告訴你，我是如何跟金錢溝通的。跟金錢的溝通有不下十種方式，當然，這本書或我的課程都有介紹。

金錢是一種物質，也是一種能量。每個人都能跟金錢溝通，只要把心靈的頻率調整到跟金錢一樣。不僅是金錢，我們還可以跟宇宙萬物溝通，因為它們都是能量的具體呈現，每一樣事物都有其獨特的振動頻率。

因此，你不僅可以跟不同地方的風和水溝通，還可以跟日月星辰及大自然裡的花草樹木、動物、礦物溝通，也可以跟很小的分子和原子溝通……只要善用其心，懂得調整自己的振動頻率，與萬物保持和諧一致。

我們的心靈並不是心臟，因此心靈的振動頻率並不是指心跳或心率。我們的心靈就是我們的意識，心靈的頻率就是我們意識的振動頻率。

在這裡，我不得不說，目前世界上的生物科技研究對肉體中的心臟關注得太多

財富的
心靈法則一

金錢是一種能量，
敞開心靈，就能與金錢溝通。

了，而對心靈或意識關注得太少了。是的，如果你覺得驚訝，請允許自己敞開心靈。畢竟我們對這個世界已知的太少，而未知的太多。

你或許想知道我是怎麼跟金錢溝通的。我的理解和發現是：人有多少種，跟金錢溝通的方式就有多少種。譬如，有的人擅長圖像思維，有些人是聽覺思維，有些人則是行動思維；也有些人擅長直覺思維；而有些人總是偏於理智……

所以，每個人的溝通方式都不會相同。你的心愈自由，溝通方式就愈多。我知道的是，有些人可以直接迅速觀想金錢的樣子來跟它們溝通；有些人則需要專注靜坐、放鬆、冥想好一段時間才能進入跟金錢溝通的狀態；有些人需要通過現實中發生的某些具體事件來信任自己的直覺，從而領悟金錢帶來的訊息；而有些人要通過心靈溝通師或催眠師的引導才能跟金錢展開溝通；一些理性的人只能通過觀察別人跟金錢溝通的過程得到訊息；也有些人通過我所帶領的系統排列工作坊裡「扮演」金錢的人（這樣的人稱為「代表」）的反應獲得訊息；甚至有人是通過孵化夢境而得到金錢的訊息……

在本書中，我會與各位分享很多方法，其中最普遍的一種，是讓有一定經驗的心靈溝通師來引導你去跟金錢進行心靈溝通。

心靈溝通和催眠的區別

有些人把我剛才說的過程稱作催眠，我更傾向稱作心靈溝通。表面看起來，心靈溝通與催眠治療的過程很相似，都是把一個人引導至身心放鬆的狀態（所謂「潛意識狀態」）下，對個案進行談話治療，通過跟個案潛意識的探索、交流和溝通，幫助個案解決問題。兩者的不同在於：

一、心靈溝通的重點是引導；而催眠治療的重點則是更多地依靠對個案植入暗示來改變個案。

溝通師以引導個案在放鬆的狀態下回溯過去發生的事件為主，探索其問題的發生原因、機制。這個過程主要依靠個案自己的探索和領悟，溝通師只是引導者而不施予暗示。

不僅如此，在整個溝通過程中，溝通師還必須始終秉持不分析、不評判、不逃避、不對抗、不預設目標、不貼標籤等「六不」原則。

二、心靈溝通不預設任何目標，更注重過程和自發性，讓個案在探索問題的過程中自然發生轉變；而催眠治療則強調目標，往往以直接改變個案的問題症狀為目標。

三、就心靈溝通而言，溝通師往往不需要太多技巧，只需要個案對溝通師有最基本的信任；而催眠治療則比較注重技巧。

四、心靈溝通更強調在個案意識清醒、身心放鬆狀態下進行；催眠治療則有時會在個案深度無意識狀態下進行。

我之所以認為自己的工作是心靈溝通，而非催眠治療，是因為「催眠」一詞很容易讓人產生誤解，以為我在這本書中所講的觀點，是個案們被我催眠後根據我的暗示得出來的結論，好像他們是不由自主的。

其實不然。在我的所有案例中，每一個個案的溝通過程都是在他們意識清醒、而非無意識的狀態下完成的。除了放鬆引導之外，我也從不在溝通過程中對他們施以觀念上的任何暗示。

我認為心靈溝通師只是透過引導他們回溯過去發生的事件，來探索被引導者潛意識的人。

書中的故事都是根據真實案例整理而成，因為涉及隱私，個案都使用了化名。

我一開始想把這本書寫成一部小說，因為在小說的架構裡，我可以虛構更多的美妙情節，長篇累牘地刻畫某些場景，甚至加入一些魔幻色彩，這都會更吸引人，或許也更多暢銷賣點，很多朋友們也這麼勸我。但我沒這麼做的原因，是我不願讓人以為這些是虛構的故事。

如果我虛構故事來表達觀點，那似乎又變成了某種催眠暗示。在這一點上，或許我顯得有點老頑固，但我不想對任何人實施傳統觀念裡所謂的催眠。我更希望人們帶著全新的、清醒的意識去認識金錢和財富，進而認識自己的心靈。

在我們這個時代，大多數人只要提供他們足夠多的幻相和表象，就能輕易地催眠他們，但我認為這恰恰是問題所在。人們已經在集體無意識的貧窮、匱乏感所支配的被催眠狀態下，麻木得太久太久了。而心靈匱乏狀態又往往是人類衝突、犯罪以及環境汙染等一系列問題的根源所在。

我只希望這本書能喚醒人們，給這世界帶來一點點改變。

跟金錢的第一次溝通

我曾經也自以為是一個理性主義者，事非親見親聞不敢相信，對於超出自己經驗範圍的事物一律抱懷疑態度。我相信純粹的唯物論，並一度把金錢看成一種沒有任何生命的東西，以為它們只是一種供人類利用的工具罷了，更不會相信自己跟金錢之間會有任何情感交流的可能。

但工作經歷逐漸改變了我的看法。

有一次，一個在人際交往和工作中缺乏自信的女孩前來找我求助。我引導她進入放鬆冥想狀態，回溯許多她從小目睹父母在公眾場合為錢吵架的記憶，順帶談到她自小就對錢帶有一種很深的敵視心態。經過幾輪溝通，我讓她釋放了在那些事件中積壓的情感、記憶，最後也讓她觀想到金錢時，內心充滿的是感恩、放鬆和平靜。

我問她看到金錢在眼前是什麼感覺，她說金錢就像一個個可愛的卡通人物般鑽到了她的懷裡，不願意離開她。她感到非常溫暖，說沒想到原來金錢對她這麼友善。

我很欣慰能幫助她理解自己的父母，並改善她面臨的人際關係困境。諮詢結束後她問我：「老師，你是否能幫我跟金錢溝通呢？我想了解金錢，也想改善自己跟金錢的關係。」

我問她怎麼會突然有這個想法？

她說：「我讀過的一本書裡說『萬物有靈』，金錢也有靈魂嗎？」

引導一個人跟物質溝通，這對我來說是第一次。雖然說在技巧上不是難事，但當第一次個案當面向我提出這個想法時，我也有點好奇。我看時間還充足，便答應了她。

「妳身上有帶錢嗎？」我問她。

我讓她從錢包裡掏出一張嶄新的百元鈔票，並仔細端詳那張鈔票，她舉起來看了又看，不知道我葫蘆裡賣的是什麼藥，臉上帶著些迷惑。

其實我只是想讓她在冥想放鬆時更自在一些。

過了一會兒，我讓她把錢放到一邊，引導她閉上眼睛，調整好呼吸，使意識進入深層的放鬆狀態。

然後，我讓她觀想自己在光裡面，也觀想那張錢在光裡面；接著引導她想像自己變成那張一百元鈔票，並對她說：「當妳感覺自己變成一張百元大鈔時就微微點頭示意。」

一會兒，她微微點頭示意。

我說：「妳現在回到自己剛剛被生產創造出來的那一刻，看看當時自己在哪裡。」

她說：「我看到自己在一個很大的車間裡，裡頭有很多工人。」

「妳能看到其他事物嗎？無論看到什麼都可以告訴我。」

「工人們各自在車間的不同崗位工作。」

「那妳在哪裡呢？」

「我躺在印鈔機裡，跟很多同樣面額的兄弟姊妹排在一起。我們在還沒有裁切開來的時候是一個整體。」

「妳聽到了什麼嗎？」

「很多機器運轉時發出『哐當、哐當』的聲音，偶爾還有工人們的交談。」

「妳能看到自己嗎？之後發生了什麼？」

「經由很多道工序後，我被裁切成了現在你看到的樣子，我和我的兄弟姊妹們被捆紮在一起，後來有人把我們運送到倉庫裡去了。」

「妳在廠裡能聞到什麼味道嗎？」

「嗯，油墨的味道，就像你拿到那種嶄新的鈔票時聞到的味道一樣。」

「妳可以離開這個場景，去看看妳自己進入印鈔廠裡之前是在什麼地方？是什麼樣子？」

「哦，我看到自己只是一張普通的紙，在辦公室裡、在垃圾箱裡、在大街上、在很多地方待過，到處飄移的感覺……」

「再後來呢？」

「後來我跟很多夥伴被回收公司收集起來，賣到了一家特種紙製造公司，重新加工了很多道程序，變成了特種紙。」

「哦，那更早之前呢？妳看到自己是什麼形態？」

「我看到一堆木料，成堆成堆的木材，堆放在一個露天的場地上。成為紙之前我不過是些木材，經過加工我才變成了紙。」

「再往前追溯妳又在哪裡？」

「我看到一棵樹，很漂亮的一棵樹，就在那座山上。」

「妳知道那是什麼山嗎？」

「長白山吧。」

「妳怎麼知道那是長白山呢？」

「我不知道，只是眼前一下子就浮現這三個字。」

我繼續問她，再往前追溯，她是什麼？會在哪裡？

她說：「我看到自己是一粒種子，在泥土裡發芽，慢慢長成樹苗，經過很多年變成一棵很大的樹，直到有一天被伐木工人砍倒在地。」

「當妳是一粒種子的時候，想過之後會變成現在這張人民幣嗎？」

「沒有。」

「那妳成為一張鈔票之後是什麼感覺呢？跟以前相比，妳發現自己有什麼不一樣了嗎？」

「我感覺自己變得身價翻倍，成了人們眼中的熱門貨，好像每個人一下子都喜歡上我了，跟以前在大街上被棄之不顧的遭遇真是天壤之別啊。」

「妳變成了鈔票之後，還有什麼想法跟以前不一樣呢？」

「確實不一樣了。被印成錢之後，彷彿有些想法被強行注入了我的身體，或許就是你們所說的靈魂吧。從那以後，我就變成了財富家族的一員，我是財富的象徵，人們樂於見我、喜歡我，都以擁有我為追求的目標。」

「這些想法不是妳原來就有的？」

「不是。」

「那是怎麼來的呢？」

「這種想法是人類價值觀影響的結果。人類有了強烈需求之後創造了我們，讓我們從一張普通的紙變成財富的象徵，我的存在就代表著價值。所謂的靈魂，其實是人類的集體意識賦予我們的。」

「那妳知道人類使用者的想法嗎？」

「當然，我們本身就反映了使用者的想法。金錢跟人的腦波是同步的。」

「這是什麼意思？」

「我們就像映照人類的一面鏡子，天生懂得人心，也變成人類心靈的一部分。我們跟人類的心靈有著同步感應，量子物理學家不是說觀察者會影響被觀察者嗎？我們就無時無刻不受到觀察者的影響。」

「等一等，能不能再解釋妳剛才提到的量子物理學？」那一刻，我承認我有點跟不上她了。

看著眼前這個人，我變得有些困惑，她好像變成了另外一個人，而她的話語甚至超出了我所理解的範疇。

「我的前世是紙張，紙張的前世是樹，樹的前世是種子。一旦被印刷成鈔票，就被賦予了人類的意識。於是，每個人都會想到我，一種力量進入我，投射進來，就彷彿我有了內在。我懂得人心，人心的一部分資訊儲存在我的身體裡；我也變成了給人類帶來方便的象徵。」她好像在做總結。

「稍等，我還想做點紀錄。」我說。

「好的。」她善意地笑了笑。

「請繼續說。」

「這是典型的量子力學觀點：觀察者影響被觀察者。金錢跟人類的腦波是同步的。」

太不可思議了，就在這一刻，她彷彿搖身一變成了哲學家，坐在我面前。我們的身分也好像都變了，她不再像剛才那個第一眼看起來略帶羞澀的女孩，而成為教導我的老師，我則是她的學生。

不過，這似乎也沒什麼不好的，如果能學到一些不同的東西，我很樂意換個角色。

∴　∵　∴

錢喜歡流動

「錢跟人類的腦波同步，這意味著什麼呢？」

「很簡單，你喜歡錢，敞開心靈歡迎它的到來，那麼，它也會喜歡你；反之，你不喜歡它、抗拒它，它也一定會抗拒你。這說明了你跟它不同步，就代表你可能會錯過擁有它的機會。」

「能不能談談你們被印刷出來後又去哪裡了呢？」

財富的心靈法則二

改善你和金錢的關係，從你觀看金錢的方式開始。

「去了銀行。通過銀行，我們又到了很多人的手裡，不斷地流動。」

「你們喜歡流動嗎？」

「喜歡。」

「你們是喜歡不斷流動，流到不同的地方，還是更喜歡待在一個地方？」

「我們不會只待在一個地方，我們更喜歡到處流動。錢不流動就無法發揮作用；流動愈頻繁，我們就愈有價值。只有在流動中，我們才能創造出更大的價值。」

「這麼說，錢很喜歡人們使用它，對嗎？」

「是的。人們愈開心地使用我們，我們愈開心。因為這正是錢的價值所在。」

「妳是說我們即使花錢，也要開開心心的？」

「是的。告訴你一個祕密，你若開開心心地花錢，花出去的錢還會再回到你手上，而且迴圈回來後會帶來更多的同伴。」

「哇，那太好了。我以前還一直以為錢花了，就不再擁有了。」

這的確是我以前沒有認真思考過的。這麼說來，金錢的暫時得到和失去都不能說明什麼，可能都是事物的表象罷了。

「如果我不開心呢？」

「不開心的人很容易失去錢，也不會感到富有。尤其在你患得患失、心懷恐懼的時候，錢很容易跑走，不再回來。」

「這麼說來，我每天都要想辦法讓自己過得開心才行。」

「是的，但開心不能勉強，發自內心的喜悅才是真正的開心。」

「人們常常因為失去錢而不開心，沒想到反過來思考其實更合理：恰恰是因為不開心才讓他們失去錢，這樣說對嗎？」

「對的。」

「如果我很喜歡錢，只賺不花，錢會喜歡嗎？」

「錢不喜歡這樣。」

「為什麼？」

「表面上只賺不花的人很喜歡錢，在潛意識裡卻是害怕失去錢。」

「那錢會怎樣呢？」

「錢會離開他們。一旦失去錢便不開心，說明並沒有真正懂得金錢的感受。」

「嗯，聽妳這麼說，好像錢也有感受？」

「當然有。」

這樣說起來，錢似乎還是一種有情感的東西。

「沒想到啊，我原本還以為你們只是一堆冷冰冰的紙張呢。」我說。

「錢會隨著情感流動，所以，面對我們時不要恐懼。收到時開心，使用時也開心，錢就會給你帶來很多兄弟姊妹。」

聽到這裡，我的腦海裡浮現出一個畫面：很多錢像潮水般朝我席捲而來，湧到我的腳邊，愈來愈多，我不由得振奮了起來。

財富的心靈法則三

金錢會隨著情感流動。
當你恐懼時，它就離開；
當你快樂時，它會回來。

你愈發愁，錢就愈少！

「可是我老爸老媽每次都勸我要多存錢、少花錢，最好不花。他們總是為子女攢不了足夠的錢而發愁。妳說，只賺不花難道不好嗎？」我繼續問她。

「是的，太超過了就不好了。錢不喜歡流向心懷恐懼的人，它喜歡流動，喜歡流向穩定的磁場和喜悅的情緒。一個人沒有負面感情，就可以擁有更多的錢。你愈發愁，錢就愈少！」

「你愈發愁，錢就愈少！」這句話聽得我有點心驚肉跳。

我的父母、親戚、朋友，大部分都為錢發愁了一輩子。雖然他們確實很窮，但我也多少會受到他們的影響。

「看來我對錢的了解還真是不夠，那我該怎樣讓錢愈用愈多呢？」

「如果你了解錢的情感、性格，其實不用那麼辛苦地追求錢，錢也會自動流向你手裡。」她說。

我以前也聽過有些會賺錢的人說：「人只有兩隻腳，而錢有四隻腳（角），所以人是跑不過錢的。人與其追著錢到處跑，不如讓錢自動跑到你身邊。」似乎跟她說的有點不謀而合。

「如果你不了解錢，就要學會對錢心存感恩，這樣它也樂於幫助你。」她繼續說。

「謝謝妳，我明白了。除了心存感恩，錢還希望人們怎樣對待它們呢？」

「總的說來，錢喜歡它被用在最有價值的地方，喜歡人們以尊重和感恩的態度去使用它。」

「能說得再具體一點嗎？」

「譬如說，有些人習慣把零錢隨便塞在抽屜裡、衣櫃中、化妝檯上、枕頭下，或四處亂擺。其實，再小額的錢你也要珍惜和尊重，它們不喜歡被人棄置在角落裡，而是希望你把它們的價值發揮出來。」

「不積小流，無以成江海。嗯，看來我們平時的確要注意這些細節。還有呢？」

「心存恐懼的人常常不懂得尊重錢，他們會把錢弄得皺巴巴的，在口袋或錢包裡把它們倒置，或到處亂放。」

「原來把錢弄得皺巴巴的也代表恐懼？能解釋一下嗎？」

「是的，人們把錢弄得皺巴巴、破破爛爛的時候，傳遞出來的資訊是他們不看重錢。錢也害怕倒轉，經常把錢倒過來放的人在某種程度上也傳遞了扭曲的資訊。人類潛意識裡對上下左右的方向、秩序形成了固定的法則，是很難改變的，就像人們不習慣倒著走路一樣。一個人經常將錢倒著放，表示他的潛意識是不穩定的，心存恐懼的人很容易如此。」

「心存恐懼的人還有什麼表現呢？我也想知道自己是不是這樣的人。」我迫不及待地想了解更多。

「心存恐懼的人害怕花錢，不相信錢會再回來。而當他這麼想的時候，錢就真的不會回來了，於是愈用愈少。在某種程度上來說，錢是配合他們內心的想法而變少了。」

「妳是說，如果我不怕花錢的話，花出去的每一筆錢都會再回來，是嗎？」

「是的。」

「如果有人找我諮詢，付給我報酬，以後它就會再回到他那裡？是不是意味著我以後會失去這筆錢？」

「錢到了你手裡，總有一天你會把它們花出去，這時候錢會很開心。錢在流經的每個人手中，都會演變成更多的形式。每個人得到了自己想要的，錢也會愈用愈多。」

「如果是這樣，我們就真的不用為花錢而發愁了。」

「是的，前提是你花出去的每分錢都是正當的，它們是真正屬於你的，你花這些錢的時候心裡沒有任何罣礙。」

「如果心裡有罣礙的話又會怎樣呢？花掉的錢就不會回來嗎？」

「往往是這樣。心裡有罣礙的人，思想頻率會變得不一樣，他心裡面不是喜悅，所以錢在他那裡通常只會變少。錢更喜歡流向開心和喜悅的人。」

「我想知道，為什麼有些人會怕花錢呢？」

「那是因為他們內心恐懼，害怕錢會失去、會變少。錢不喜歡流向心存恐懼的人。」

「謝謝妳告訴我這麼多有用的訊息，我會記下來，也會傳達給更多人，讓他們明白如何了解錢、尊重錢。那我們應該怎樣做，才能不恐懼呢？」

「想要有錢的話，一定要學會尊重錢，也許你可以先從學會整理好自己的錢和錢包做起。一個人錢包裡的紙幣擺放得凌亂無章，是很難吸引錢的。學會愛錢，財運才會好。」

「難道不是每個人都很愛錢嗎？」

「當然不是。有很多人只是對錢有欲望，內心裡卻並不真的愛它。」

「嗯，明白。對錢恐懼和不恐懼的人又分別會有怎樣的表現呢？」

「看他花錢的方式和態度就能知道。對錢心存恐懼的人，表面上是他在支配錢，實際上卻是被錢支配；就像表面上牽引風箏的人，其實是風箏牽引著他。」

她停頓了一下，接著說：「心無恐懼的人在賺錢和花錢的時候，心裡都沒有罣礙，錢也會給他帶來更多的同伴。」

天色暗了下來，已經到了晚餐時間，這個下午我們竟不知不覺溝通了一個小時。

我只能暫時結束這次的談話。

「謝謝妳告訴我這麼多。因為時間的關係，我們這次溝通先到此告一段落。請妳將意識放回自己的身體上，做幾次深呼吸，再慢慢睜開眼睛。」

在此之前，我從未這麼認真而深入地關注過金錢的話題。對我來說，平時和人談論錢似乎是一件讓人害羞的事情。為了改變這一點，我也曾上過成功學之類的課程，但走出課堂後發現自己還是一如既往，對金錢的觀念依然沒有多大變化。然而，今天的金錢話題卻讓我興味盎然地溝通了近一個小時，仍感到意猶未盡，真是不可思議。

我看著我在紙上做的筆記，雖然只有隻言片語，卻很大程度上擴展了我對金錢的認識。我感到驚訝之餘，也不免有些困惑。

一個人真的只要開心就能吸引金錢嗎？難道錢真像長了腳一樣的嗎？心裡害怕失

去錢的人就真的會失去它們嗎？又是通過什麼方式失去的呢？

而我開心地花了錢之後，怎麼知道它們會真的回來？它們什麼時候會回來？又是從什麼管道或以什麼方式回來呢？

為什麼我周圍總是有很多抱怨錢不夠花的朋友？

那些一天到晚勸我要節約用錢和存錢的親友們，他們對錢的態度難道是有問題的嗎？

為什麼人們會對金錢懷有各種各樣的恐懼呢？

一個人該怎麼克服恐懼、創造並吸引金錢呢？

我在心裡隱隱期待還有機會繼續了解更多有關金錢的智慧。

我還意識到，愈是像日出日落一樣平凡的事物和現象，我們愈容易視而不見。今天或許就是這張平凡無奇的鈔票，明天也許是一顆蘋果、一粒石頭——它們的背後想必都有著無窮無盡的奧祕，等著我去探索。

重點整理

療癒你與金錢關係的溝通筆記

- 首先，把心靈的頻率，調整得跟金錢一樣。
- 你的心愈自由，愈能跟金錢溝通。
- 金錢的意義，由人類的集體意識所賦予。
- 金錢喜歡流向穩定的磁場和喜悅的情緒；不喜歡流向心有罣礙且恐懼的人。
- 對金錢心懷感恩，它將樂於幫助你。

第二章

跟金錢
的第二次溝通

一週之後，這位個案再次如約而來。看來，上次的溝通不僅引起我對金錢的好奇，也激發了她更大的興致。

為了讓她更深入感覺，我特意從銀行換了一些全新的一百元面額鈔票。

我把這些錢放在她面前，以便她更容易觀想它們。她也很信任我的引導，很順利地放鬆下來，進入「潛意識狀態」。我引導她充分地觀想光在她身體上，也在那些錢上。在光裡，她再次將自己融入並成為了金錢。

我對她說如果感覺到自己成為錢的時候，請點頭示意一下。

她給了我一個示意。

我開玩笑似地跟她打招呼說：「金錢，妳好。」

「老師，你好。」她也回應我。

「先說一聲『謝謝妳』，透過上次的溝通，我了解到金錢原來有那麼多的想法和智慧，也很高興今天妳又來到這裡。妳代表金錢，而我代表使用者來跟妳進行溝通。我想知道如何成為有錢人，並且能夠幫助更多人變成有錢人，同時做到心靈的豐盛富足。因此，我想問的問題依然是如何吸引金錢、創造金錢，以及善用金錢；我還想了解，一旦變成有錢人之後，該如何保持喜悅和快樂。我會做記錄，以便分享給更多人。在此先徵得妳的同意，可以嗎？」

「嗯，好的。」她點頭說。

「我記得妳上次說過金錢喜歡流動，對嗎？」

「是的。」

「你們喜歡流向哪些地方呢？」

「人類創造價值的地方、需要我的地方、熱鬧的地方，我都喜歡去，譬如企業、超市、銀行、股市……」

「每個行業領域你們都去嗎？」

「是的。每個行業都代表人類看重的一種價值。」

「除了紙幣的形態，你們還以其他形態存在嗎？能給我介紹一下你們金錢家族裡的其他兄弟姊妹嗎？」

「我們家族裡的兄弟姊妹非常多，除了各種面額的紙幣、硬幣之外，還有黃金、白銀、股票、期貨、外匯、古玩等等，從有形的物質到無形的虛擬貨幣應有盡有，你只要看哪些行業出了富豪就能知道，每個行業都有……」

「我還想到金融卡、信用卡，這些也屬於你們家族嗎？」

「是的。在某種程度上來說，一切有價值的事物都是我們家族的兄弟姊妹。錢是價值的象徵，理應包含所有的價值形態。紙幣只是現在你在市面上看到最普遍、流通最多的一種價值形態。」

「我要怎麼做才能擁有更多錢呢？」

「就像你現在一樣，願意了解並重視金錢的價值，錢就離你不遠了。」

「哦，謝謝妳，這麼說我也具備成為有錢人的潛在特質了？」

「當然。」

「可是我目前似乎還不在有錢人的行列。」我自嘲地笑了幾聲。

「世界上很多有錢人並不是生來就有錢，他們多半經歷過貧窮，然後才深深了解金錢，懂得珍惜價值。」

「謝謝妳的鼓勵。我還想知道，有錢人都具備什麼特質？」

「他們願意服務更多人，尤其是能為更多人創造價值。」

「我明白了，比爾・蓋茲、華倫・巴菲特、李嘉誠……這些有錢人都是能為更多人創造價值的人，是這樣嗎？」

「是的。」

「有錢人都分布在哪些行業呢？」

「各行各業。每個行業、領域其實都可以創造出巨大的價值，也有很多富有的人。只要你能懷著對人們、對社會的愛，在你的專業裡為更多人服務、創造價值，那你一樣可以擁有很多錢，成為你所在領域裡的國王。」

「如果我從事的不是喜歡的行業，我該怎麼創造價值呢？」

「當然，你要從事你最喜歡、最感興趣的事業和工作，才能為更多人創造更多價值。」

「妳上次說到金錢喜歡心懷喜悅的人，而不喜歡心存恐懼的人，是這樣嗎？金錢流向哪裡，也受情感的影響嗎？」

「是的。你喜歡跟開心的人在一起，還是喜歡跟整天愁眉苦臉的人在一起？」她反問我。

「當然是開心的人。」

「那就對了。這兩種心情主宰著人們的財富甚至命運，一種是平靜、喜悅、富足的心，一種是充滿恐懼的心。」

「心裡有什麼，就會吸引來什麼——吸引力法則就是這個意思嗎？」

「可以這麼說。」

「錢不喜歡心存恐懼的人。上次妳提到有些人會把錢到處亂放，有些人則過於害怕花錢、不相信錢會再回來等等，心存恐懼的人還會有哪些表現呢？」

「心存恐懼的人常為了一點點錢跟別人計較，凡事愛討價還價，對金錢的流動缺乏信任。」

財富的
心靈法則四

金錢喜歡流向人類創造價值的地方。

「嗯，妳這麼說讓我想起常在市場看到那些總愛討價還價的人。」

我突然想到，前段時間碰到一個想來向我諮詢的人，也是在課程費用上跟我討價還價，碰到這樣的顧客我多少也會感到尷尬。

「心存恐懼的人總是很自卑，缺乏價值感，不敢擁有高品質的東西。」她說。

恐懼導致金錢流失

她停頓了一下，又繼續說：「心存恐懼的人害怕失去錢，會去做自己不喜歡做的事；甚至有些人一輩子都不敢輕易嘗試自己喜歡的事，所以失去了創造力。他們認為必須先做自己不喜歡的工作，直到存夠了錢再去做自己喜歡的事。」

「嗯，這是一個很普遍的現象。還有嗎？」

「心存恐懼的人不僅害怕把錢花出去，也害怕擁有錢。」

「害怕擁有錢？怎麼會呢？」

「是啊，表面上都喜歡錢，但潛意識裡卻害怕擁有更多的錢。例如擔心錢多了會被人騙，怕自己或家人不安全，他們腦子裡想的與內心真實的情況其實是相反的、是矛盾的。」

「還有嗎？」

「再比如那些工作上沒有行動力、不願付出努力，卻想著一夜暴富的人。」

「妳這麼說讓我想起自己的一些朋友，他們做著不喜歡的工作，盡是被社會上流行的成功學口號激勵著工作賺錢，卻總是缺錢。這又是怎麼回事呢？」

「因為他們不是發自內心地喜歡自己的工作，還沒有找到真正能夠發揮自己價值的事情，只是在外在的激勵下賺錢。一旦成功學口號的力量在他們的現實生活裡消磨殆盡，就不可避免地感覺到挫折。」

「嗯，這是為什麼呢？難道他們內心裡害怕金錢……」

「人們的潛意識裡存在各種各樣的恐懼，表面上也許意識不到，但會表現在對金錢的看法上。例如，有的人害怕得不到別人的認同；有的人總擔心會失去收入和基本生活保障；有的人怕被客戶拒絕；有的人則是討厭跟人打交道……」

「當人們無法認知到自己內心的恐懼時，該怎麼辦呢？」

「首先要勇敢面對自己內心的恐懼，你的心靈溝通工作就可以幫助他們。一個人只有內心沒有恐懼，才會足夠強大，才能去做發自內心真正喜歡的事。」

「這也是我想和金錢溝通的原因。還有，什麼樣的恐懼會讓人失去錢呢？」

「任何形式——前述那些恐懼都可能產生影響，讓人失去為他人創造價值的機會，最終導致不僅不能吸引金錢、反而失去金錢的結果。」

「妳是說只要心懷恐懼，就會影響金錢的流動嗎？」

「是的。歸根究柢，恐懼是一種能量；錢，也是一種能量，相同頻率的事物會互相吸引。恐懼導致金錢流失，而喜悅會吸引金錢到來。」

「嗯，人內心的恐懼是怎麼產生的呢？」

「這個問題屬於你的專業領域，也是你以後能幫助別人的著力點，並從中發揮工作的最大價值。」

「謝謝妳這麼說，可是很少人願意接受自己內心的恐懼，更少人會主動探索自己內心的恐懼。」

「是的，很多人其實是處於睡著的狀態，即使在清醒時也彷彿像被催眠。所以，大多數人首先需要被喚醒，醒來的人才能意識到自己的恐懼；其次，一個人無論內心害怕什麼，都需要敢於直面這份恐懼，勇於面對不逃避，才能了解金錢、了解自己。」

「嗯，人們愈是逃避，內心的恐懼就如雪球般愈滾愈大。妳對我這份工作有什麼好的建議嗎？」

「你的工作很有價值。人們從來就不是因為缺乏創造價值的能力而貧窮，而是因為無法正視並突破自己的內心，以致無法發揮創造力。如果一個人無法看清自己潛意識裡的恐懼，他不僅吸引不了金錢，反而會失去金錢。」

「市面上很多致富書籍似乎都談過，一個人要很清楚自己追求的目標，並把夢想圖像化、具體化，除了這些之外還有更重要的嗎？」

「這只是其中一個面向，更重要的是這個人潛意識裡對金錢的態度。如果人們沒意識到自己對金錢的恐懼，再怎麼努力追求夢想也存在阻力。」

「妳是說，這兩個面向要並重，除了要有清晰具體的目標並創造價值，還要清理自己的潛意識對金錢的恐懼，是嗎？」

「是的。」

⋰　⋮　⋱

說到創造價值，我想問另一個問題：「如果一個人意外地得到一筆財富，例如中了彩券，又怎麼解釋呢？他並沒有創造相應的價值啊！」

「有一種可能是，他曾經從其他事情上間接創造出相應的價值，只是當時還沒彰顯出來。若非如此，他得到的這筆錢可能很快就會失去。」

「為什麼呢？」

「因為他承受不起這麼多財富，會由於各種可能而失去。中國古人說『厚德載物』，宇宙終究是平衡的。」

「妳說過，一個人心裡若沒有恐懼，做的是自己喜歡的事，金錢就會不請自來；還有，喜悅地把錢花出去之後，它還會再流回我們身上。金錢會以什麼方式流回來呢？」

「任何方式都有可能，金錢流回來的方式和人們失去它的方式一樣多。」

「妳是說，走在路上都有可能被錢砸到？」我開了個玩笑。

我們都笑了。我覺得自己的問題已經問完了，心裡的謎霧也漸漸散去。

「謝謝妳告訴我這些訊息，我們這次溝通暫時就到這裡。」我對她說。

「好的。」她點點頭。

我讓她把注意力放在自己的呼吸上面，並從金錢的角色中回歸到她自己，結束了這次溝通。

心就是媒介

上面就是我跟金錢兩次溝通的場景：我先將個案或某人引導進入潛意識的放鬆狀態，讓他們成為我與金錢溝通的媒介。然後，我問他們一些關於金錢的問題，他們代表金錢回答，而我唯一做的就是傾聽和記錄。

跟金錢的溝通不僅擴展了我對金錢的認識和理解，在某種程度上也豐富了我對人性的認識。

後來只要一有機會，我就會邀請一些人來跟金錢「對話」，有的是我的個案，有的是我的朋友。

在這些溝通過程中，金錢會告訴我，它從哪裡來，要到哪裡去；我該怎麼使用它，為什麼有些人會失去它；它的家族裡都有哪些成員；它也會告訴我，它和它的家族喜歡待在什麼地方，喜歡怎樣的人，喜歡流向哪裡，或者它們不喜歡哪種人，不想到哪裡去……

一、兩年之後，我除了在課堂上偶爾示範這種跟金錢溝通的方式，用得愈來愈少，但我跟金錢的溝通卻從未停止，取而代之的是另外幾種方式。

其中一種是做個案諮詢的方式。

隨著我的工作不斷擴展，愈來愈多人前來找我做一對一的個案諮詢，他們想探索的議題和希望解決的問題多不勝數，大多是他們在事業與金錢上遇到的困擾。

這些個案經驗使我更深刻感受到金錢的情感，學習到金錢背後蘊含的智慧。我也慢慢明白，做這些個案開啟了我跟金錢溝通的另一種方式。

有時候，金錢是藉由發生在這些個案身上的故事，即他們生命經歷的挫折和痛苦，傳遞給我訊息。而我先前透過跟金錢溝通得知的事，後來也在這些個案身上得到了某種程度上的驗證。

我的工作常常需要考慮如何確實有效地幫助人們根治內心的恐懼，在這個過程中我終於明白，當一個人釋懷了內心所有的恐懼和罣礙，單純去做自己喜歡、令自己開心的事情，金錢就會不請自來。

我常常驚訝於個案身上發生的故事，也感謝他們的故事帶給我關於金錢的訊息，它們遠比被熱傳的創富故事還更生動、精采得多。

我把金錢給我的訊息一一記錄下來，並寫成這本書，希望成為改善貧窮和匱乏的一劑良藥。

他為什麼跟金錢的關係不好？

一位男性個案來找我諮詢。

我詢問他面臨了什麼問題，他說：「最近覺得毫無動力。和別人合作的創業專案遇到挫折，想賺錢卻又提不起勁。我覺得我不比別人差，但總是做不出成績，心裡好煩，感覺自己和金錢沒有緣分。」

「你跟金錢的關係不太好？」我心裡暗暗吃驚，之前的個案激發了我對金錢話題的興趣，現在又遇到一個覺得自己「與金錢沒有緣分」的個案。

財富的
心靈法則五

心存恐懼的人會失去創造力，導致金錢流失。

「是的，我想知道自己為什麼沒有賺錢的動力。」

我對他說明了心靈溝通大致要注意的事項之後，開始引導他進入潛意識放鬆狀態。在我一步一步引導下，他說出了自己在金錢上感到困擾的事。

他說：「我在腦中看到了一個畫面，好像是自己小時候的樣子。」

我問他：「你看到的自己大概多大年紀？」

他說：「三歲吧。」

「哦，那就好好看著那個畫面，讓自己回到當時的情境裡。你那時在做什麼呢？發生了什麼事？」

「我在院子裡和鄰居的兩個孩子一起玩耍，外面來了一個叫賣雪糕的人，那兩個孩子回家拿了零用錢，各自買了一隻雪糕；我沒有零用錢，就跑去找媽媽，向她要錢買雪糕。」

「你媽媽當時在哪裡？正在做什麼？」我問。

「媽媽在廚房忙碌。」

「你向她要錢之後呢？」

「她聽到我向她要錢，顯得很不耐煩。」

「那她給你錢了嗎？」

「沒有，還訓了我一頓。」

「訓了你什麼呢？」

「貪吃鬼，就知道吃！」

「然後呢？」

「我就在媽媽身邊耍賴不走開。」

「哦，接下來呢？」

「她生氣了，抓起地上的掃帚開始打我，我委屈地哭了。」

「後來呢？」

「後來賣雪糕的人都走了，我還在哭。媽媽還是不理我，只顧忙她的。」

「當時家裡還有其他人嗎？」

「沒有，爸爸不在家。」

「你能試著理解，你媽媽當時為什麼沒有給你錢買雪糕嗎？」

「可能媽媽覺得家裡經濟條件不太好吧。」

「當時一隻雪糕多少錢？」

「大概一毛錢。」

「嗯，你試著觀想那一毛錢在光裡，你能看到它嗎？」

他點點頭。

「看著這一毛錢，你心裡是什麼感覺呢？」

「感到無奈、委屈，很討厭它。」

「那錢對你是什麼感覺呢？你也試著感覺它。」

「它也不喜歡我，很討厭我，離我遠遠的，我都快看不清楚它的樣子了。」

「哦，是什麼讓你討厭它呢？」

「可能看到它，就讓我想到媽媽訓我和打我的樣子，還有那時的無奈和失落吧。」

「從這件事你領悟到什麼嗎？」

「難怪我平時看到小面額的錢，總會有一種莫名的厭惡感，現在總算知道原因了。」

「你往更早之前看看，是否還發生過類似的事情呢？看見了任何畫面都可以說出來。」我再次引導他。

他點點頭，說：「又浮現了一個畫面，好像還是我小時候。」

「是多大的時候？」

「大概五歲吧。」

「那你再融入那個畫面，回到當時，你在什麼地方呢？」

「還是在家裡。」

「家裡都有誰在呢？」

「好像只有我一個人。」

「你在做什麼呢？發生了什麼事？」

「我在翻抽屜，找零用錢。結果找到了一張大面額的錢，就拿去買零食吃。」

「然後呢？」

「我吃不完，還分了一些給鄰居的小孩吃。」

「後來呢，發生什麼事了？」

「後來爸媽回到家，發現抽屜裡的錢不見了，問是不是我拿走的。」

「那你當時怎麼回答？」

「我很害怕，不敢承認，但他們不相信。他們一直找不到，認定是我拿的，我只好承認。他們知道我是拿錢買零食後，就更生氣了，找了根竹條，把門關起來……」

「怎麼了？」

「他們用竹條打我！狠狠地打我！」

「打你哪裡？」

「打我的大腿、屁股、後背，到處抽。」

「你感覺怎樣？」

「每一處被打到的地方都是火辣辣的痛。」

「那你當時怎麼了？」

「我當時放聲大哭，四處躲閃，後來躲到桌子底下，又被爸爸揪出來繼續打，直到我嚇得鑽到床底下去。」

「他們打你的時候說了些什麼？」

「他們一邊打一邊罵：我叫你偷錢！我叫你亂花錢！我叫你偷錢！我叫你亂花錢！」

「後來呢？」

「後來他們打累了，又實在打不到我了，才停手。」

「你當時是什麼感受呢？」

「我恨死他們了，也很委屈、很屈辱，還想死。」

「嗯，我理解。後來呢？」

「看不清了。」

「請你從那個場景中抽離出來，想像你拿去買零食的那張錢就在你面前。你看著這張錢，心裡是什麼感覺？」

「很仇恨，很厭惡，不想見到它。」

「那你覺得它對你會是什麼感覺？」

「它也厭惡我，像長了腳一樣，一下子離我更遠了。」

「這件事讓你領悟到什麼？」

「我常想自己怎麼平時賺不到錢，原來我這麼討厭錢。」他重重嘆了口氣。

錯誤的金錢信念：對金錢有罪咎感

「嗯，你再看看還有沒有發生過類似的事。」我再次引導他追憶過去。

「有」，他稍微遲疑了一會兒，才彷彿下了決心似地說：「那是在我大學畢業後到一家公司上班，有一次被派往外地出差，住在一家飯店裡。」

「你一個人嗎？」

「嗯。」

「當時在飯店裡發生了什麼事嗎？」

「我獨自住一個房間，到了晚上覺得有點寂寞，這時電話鈴響了，我拿起話筒，聽到一個女人的聲音。」

「哦，你聽到了什麼？」我問他。

「女人在電話裡問我：『先生，請問需要上門按摩服務嗎？晚上按摩一下睡覺會很舒服的。』我感到好奇。」

「嗯，接下來呢？」

「過了一會兒來了一名女性，她讓我躺在床上，開始幫我按摩。過沒多久，她問我要不要特殊服務。」

「你當時怎麼想呢？」

「那是我第一次跟異性單獨相處，有點心動，但以前從來沒做過這種事，感到緊張又害怕。」

「後來呢？」

「對方一直誘導我，勸我嘗試一次，於是我動搖了。第一次很緊張，我很快就……我覺得失望，也很後悔。她卻立刻開口要錢，我心裡很不舒服，但也只能付錢，便把錢甩給了她。」

「你付了她多少錢呢？」

「好像是五百元吧。」

「後來還發生什麼嗎？」

「後來我整個晚上都很自責，睡不著。」

「那是什麼感覺？」

「有一股罪惡感。我當時一個月才賺一千多塊，一下就失去了一半。主要還是過程並不舒服，我沒有感到快樂，只覺得自己上當受騙了。」

「嗯。請你從那個場景中抽離出來，並觀想那五百元在你面前。看著這些錢，你是什麼感覺呢？」

「我感到那些錢離我很遠，我厭惡它們，看到它們就有一股罪惡感。」

「那它們對你是什麼感覺呢？」

「它們好像也討厭我，對我嗤之以鼻：你這個骯髒的傢伙，我們再也不要見到你。」

「你想對錢說些什麼嗎？」

「不想。」他的回答很直接。

「從這件事你領悟到了什麼呢？」

「我常想自己怎麼這麼討厭錢，有時看到它們還會產生罪惡感，一直不知道原因，現在我又多明白了一些。」

我決定再引導他，便再一次問他：「再往更早之前看看，還有沒有發生過類似的事呢？」

他沉浸在思緒中，過了一會兒說：「有。」

「看到什麼了？請你說出來。」

「好像看到一位將軍。」

「將軍？」

「我不知道該不該說出來。」

「沒關係，無論你看到什麼，就算是讓你感到害怕的東西，都可以說出來。」

「有一位將軍，好像在戰場上。很多人在打鬥，周圍死了很多人，有些人是將軍的手下，另一群人似乎是土匪。」

他說話的語速變慢了，像在分辨什麼。

「那位將軍讓你聯想到什麼人嗎？」

「好像是我自己。」

「嗯，繼續看，還有什麼嗎？」

「身邊好像有很多大箱子。」

「箱子？看得到箱子裡有什麼嗎？」

「全是金銀珠寶。」

「嗯，發生什麼事了呢？」

「不知道。」

「嗯，請你回到剛開始看到的打鬥畫面，那時發生了什麼事？」

過了一會兒，他才慢慢釐清頭緒，說：「土匪搶了很多金銀財寶，我是官兵的隊長，官府派我帶兵去剿滅他們。」

「後來呢？你們剿滅他們了嗎？」

「是的，但是遭到了土匪們的頑強反抗，手下的弟兄們死的死、傷的傷，到處都是屍體。」

「那你呢？」

「我還活著，但是手下已經沒幾個人了。」

「你是什麼感覺？」

「我恨這場戰爭。」

「你看著那些金銀珠寶，又是什麼感覺？」

「我對它們根本不屑一顧，心裡只有仇恨。」

「是什麼讓你對這些金銀珠寶不屑一顧呢？」

「這場戰爭讓我手下的兄弟們死傷慘重，都是這些錢帶來的災禍。」

「後來呢？」

「後來我解甲歸田。我寧願過一世清貧的生活，也不願意見人，更不喜歡賺錢。」

「從這段經歷中你領悟到什麼？」

「有時候寧願選擇悠閒清淨的生活，也不願意為錢而委屈自己。」

「嗯，請你從那些場景中抽離出來，觀想那些金銀珠寶就在你面前，你有任何想法都可以向它們表達出來。」

他說：「如果不是因為你們，就不會有那麼多戰爭、勾心鬥角、爾虞我詐；要不是你們，我手下的弟兄們也不會失去生命……我討厭你們。」

他哽咽起來。

我說：「我理解你的感受。你不妨也可以融入那些金銀財寶，去感受它們聽到你這些話後是什麼感覺，會對你說些什麼。」

「它們好像在對我說：『你錯怪我們了，我們是無辜的，引發戰爭的是人類自身的貪欲，不是錢本身。為了占有我們，人會去傷害別人，製造仇恨；但人也可以使用錢幫助別人，錢同樣會幫助你。但你卻把這股仇恨投射在我們身上，我們就只好離你遠一點了。』」

個案感到很驚訝，對我說：「我以前從來沒想過這些，錢說得很對，我錯怪他們了。」

我問他：「那你想對它們說什麼嗎？」

他說：「對不起，請原諒我。謝謝你們給我的啟發，以後我會好好善待你們。」

我又問他：「現在你再感覺一下，這些錢是什麼感覺？」

「它們也很高興，好像離我不那麼遠了。」

我繼續問他：「在這之前，還發生過類似的事嗎？」

他彷彿在腦海中搜尋了片刻，回答：「應該沒有了。」

我讓他離開所有的畫面，把意識調回當下，問他：「你從這些事領悟到什麼？」

他說：「今天收穫很多，我領悟到自己對錢一直存在恐懼、罪惡與內疚感，潛意識裡不喜歡錢，所以錢也不喜歡我。而我從沒想過這跟過去發生的事有關係。」

他又接著說：「老師，你能再引導我跟金錢溝通嗎？我想對金錢說一些話。」

我很好奇，於是就引導他，讓他在光裡觀想剛才那些事情裡的錢。

我對他說：「請你敞開心扉，把想對金錢說的話都表達出來吧。」

他說：「對不起，請你們原諒。我對你們一直有著很深的誤解，是我錯了，也謝謝你們告訴我這麼多訊息。」

說完還合起雙手，朝前方拜了拜，神情非常誠懇。

我看他很認真，就問他：「這些錢聽到你這麼說，有什麼回應嗎？你感覺到什麼？不妨表達出來。」

他說：「它們好像很高興我能懺悔自己的過錯，同時理解它們。它們好像也原諒我、願意靠近我了。我覺得它們變得相當和善，像在對我微笑，也離我愈來愈近，好像要進到我懷裡來。我感覺很舒服、很溫暖。」

我說：「那就在光裡面去擁抱它們吧。」

那一刻，我真的感覺他的表情舒緩了許多。

又過了一會兒，我引導他：「請你帶著這份領悟，回到當下，然後慢慢睜開眼睛。」

就這樣，我們結束了這次心靈溝通。

通過這次溝通，我對金錢有了更深的理解，那就是為什麼心存恐懼的人難以吸引金錢，以及人們內心的恐懼是怎麼來的。

這位個案在幾個月後聯繫我，他告訴我經過上次溝通之後，他的事業出現轉機，財運也好轉了起來。我很為他高興，這也是我在處理金錢議題上又一個成功的案例。

正如我以前在身心疾病的議題上花費一、兩年進行個案研究，並從中積累了上百個案例經驗，這次我決定在金錢的議題上進行同樣專門且深入的研究。

怎麼開啟這個議題的研究呢？我計畫在半年至一年之內，專門記錄這些跟金錢有關的個案，總結其中經驗，最後再歸納整理成一本書。

我那時在愛好心理學、關注心靈成長的朋友圈裡認識了一些人，我透過電子郵件和電話告訴他們，如果在事業或金錢上遇到困擾，或者對跟金錢溝通這個議題有興趣的話，都可以來找我。

結果沒幾天，我便得到了好幾位朋友的回應，他們紛紛表示願意來做我的個案，擔任我的「白老鼠」。

她為什麼炒股會虧錢？

有個朋友在了解我最近想研究的內容之後，第一時間聯繫了我。

她是一位四十多歲的催眠師，平時也幫別人進行催眠治療，具有一定的經驗。但這次她到我這裡時對我說，她最近失眠嚴重，而困擾她的原因之一就是錢。

原來，她最近兩年都在利用業餘時間炒股票，帳戶裡的本金五十萬，全部投資在幾檔股票上，行情好的時候她的股票市值甚至近一百萬。不過，她沒有見好就收，近兩個月行情大跌，就被套牢了。股市裡的錢不僅縮水了一大半，再後來連本金也虧得只剩下不到二十萬，用她的話說，就是「虧得一塌糊塗」。

她來找我是因為在股票投資上遭受到前所未有的挫折，也想知道為什麼自己炒股虧錢，希望我幫她跟金錢溝通。作為我的同行，她敏感地意識到自己炒股虧錢絕不僅僅只是技術上的原因，而是在潛意識裡有更深的情緒影響自己。

我不知道能幫到她什麼，畢竟在這個議題上我的經驗還十分有限，但我答應給她做一次兩小時的心靈溝通來探究這個問題。

她的催眠感受性很好，也很信任我，於是我很容易就讓她進入潛意識的放鬆狀態下，然後引導她：「在光裡面，我請妳進入妳的內心深處，說出一件最近對錢感覺心有罣礙的事情。」

她說：「炒股票虧錢了。」

我進一步問她：「哦，妳怎麼知道自己炒股票虧錢了呢？」

「電視的股票節目中，有專家分析了我買的一個股票，我看到它的曲線圖近來一直在跌，心裡隱隱感到很慌亂。」

「嗯，我明白，請妳再重複一遍你剛才說的感受。」

「我心裡感覺到有點慌、有點害怕。」

「對什麼感到害怕？」

「對股票大跌感到害怕。而且，一想到當股票帳戶衝到近一百萬時沒有及時賣出，就覺得懊悔不已。不知道為什麼每次快衝到一百萬行情就會下跌，我指望它再漲上去，但它再也不漲了。」

「哦，當時看節目的時候除了妳，還有誰在家嗎？」

「還有我媽媽，她在廚房做晚餐，我在客廳看電視。」

「後來呢，還發生什麼了嗎？」

「沒有。」

「帶著這個感覺，妳往更早之前看看，想想是否發生了類似的事情？」

停了一會兒，她說：「有，我腦海裡浮現了一個畫面。」

「哦，什麼畫面呢？」

「我在房間裡，跟媽媽吵架了。」

「那是什麼時候的事情呢？」

「前兩個禮拜吧。」

「試著再回到那個場景，當時發生了什麼事讓妳跟媽媽吵架呢？」

「她做的菜我吃不慣，不是太鹹就是肉太多。我不愛吃，她還偏偏要往我碗裡夾，我不想吃，她就一直嘮叨。」

「她嘮叨些什麼？」

「無非是些抱怨的話，抱怨我不聽她的話，抱怨自己太累，抱怨我年紀這麼大還沒有結婚，抱怨自己很苦，抱怨爸爸死得早……」

「哦，當時家裡除了妳們兩個，還有其他人嗎？」

「沒有。」

「當時聽了媽媽的話，妳是什麼反應呢？」

「我覺得很煩，不想再聽她說話，就把自己關在臥室裡。」

「接下來呢？」

「媽媽還接著嘮叨。」

「妳又聽到了什麼？」

「她說我怎麼還不給她錢，她身上的錢已經花光了。」

「那妳當時做了什麼？」

「我打開錢包，發現裡面只剩一些零錢。我很生氣，在心裡埋怨她總是說都不說一聲，就直接從我錢包裡拿錢，而且拿了錢還抱怨。我又想，以後有錢也不想給妳了。」

「後來呢？」

「我戴上耳機，一個人聽音樂。」

「再往更早之前看看，還發生過類似的事情嗎？」

「還是我跟媽媽吵架。」

「那是什麼時候的事情？」

「年前我買下了現在住的房子，因為平時工作忙來不及裝潢，只好請媽媽從老家過來幫忙，並跟我一起住。」

「發生了什麼事讓妳們吵架？」

「她總是對我挑三揀四，連買個油漆也嫌我買得不好，我覺得很生氣。自己買材料裝潢已經很累了，回家還要聽她嘮叨，情緒愈來愈差。花的本來就是我自己的錢，我想怎麼花就怎麼花。」

「當時妳說了什麼？」

「我忘了，好像什麼也沒說。我給了她錢，說讓她去買好了。」

「後來發生了什麼呢？」

「晚上表姊打電話給我說，妳怎麼這麼大了還不懂事，總是讓媽媽操心？我才知道原來媽媽一直向表姊抱怨住在我這裡過得不舒心，還說我不給她錢花，很不孝順。」

「妳聽了有什麼感覺？」

「我感覺非常委屈，又沒人理解。之後對媽媽的態度就更差了。」

「後來呢？」

「我什麼也不想說，就一個人躲在房間裡哭。」

「再後來呢？」

「這件事就過去了。」

「嗯，帶著妳這些感覺，再往更早之前看看還有沒有發生類似的事情。」

「我看見了自己小時候的畫面。」

「那時妳多大呢？」

「七歲左右。」

「在哪裡？」

「在老家的院子裡。」

「周圍有些什麼？」

「很多人。」

「他們是誰？」

「有我媽媽，也有很多親戚。」

「他們在做什麼？」

「媽媽在哭，很多親戚在勸她。」

「請重複這句話。」

⋯⋯

為了幫助個案把造成過往創傷性事件，以及積壓下來的情緒更好地表達、宣洩出來，我會引導他們適當地重複一些話語。

「妳當時聽到什麼？」

「聽到他們對媽媽說『節哀順變』、『要保重身體』之類的話。」

「妳當時在做什麼呢？」我繼續問。

「我看見自己站在一邊，靜靜地看著他們。」

「爸爸呢？」

「爸爸躺在床上。」

「嗯，然後呢？」

「我看著爸爸，他臉上什麼表情也沒有。」

「他怎麼了？」

「他——死——了！」

這三個字她好像用力憋了很久才說出口，然後她哭了，哭聲愈來愈大。

「錢啊，你們為什麼要離開我？」

她哭的時候，我一直陪伴著她。

過了一會兒，我繼續引導她：「我理解妳的感受，有任何情緒都可以表達出來，沒有關係。」

她哭了一會兒，情緒稍微平穩下來，我對她說：「請回到你爸爸去世之前的那個時刻，妳當時在哪裡呢？」

「他在醫院裡，我就坐在他身邊。」

「當時爸爸怎麼了？」

「他得了胃癌。」

「妳當時看到什麼？」

「我看到爸爸很痛苦地躺在那裡，奄奄一息的樣子。」

「當時聽到了什麼嗎？」

「聽到爸爸沉重的呼吸聲。」

「有什麼味道嗎？」

「到處是刺鼻的酒精味。」

「接下來呢？」

「爸爸示意我過去，要對我說話。」

「然後呢？」

「我把頭湊過去，他對我說：『女兒，爸爸要走了，以後要好好聽媽媽的話。』」

「請妳重複這句話。」

⋯⋯

她情不自禁地又哭了起來。過了一會兒，可能是累積的情緒得到了釋放，才慢慢平靜下來。

我問她：「當時妳跟爸爸說了什麼呢？」

「我對他說：『爸，你放心吧，我會好好聽媽媽的話。』」

接下來，我引導她在光裡面觀想她爸爸的模樣，向他告別。

她說她感覺到爸爸在光裡面祝福她，然後慢慢上升到空中，直到淡出視線。

這時，我注意到她臉上的表情明亮了許多，也許是情緒獲得了一定程度的抒發；

也或許是在爸爸離世這件事上，終於了卻了長久存在於內心的牽掛。

我問她：「這件事跟之前與媽媽吵架、與錢和股票有什麼關聯呢？」

她說她一直記得爸爸臨終時看著自己的眼神、要她聽媽媽話的叮嚀，以至於她後來很多時候對媽媽的一些做法雖然生氣，卻不敢違背，也不敢表達出來。

我接著引導她：「更早之前還發生過類似的事嗎？」

她說：「我看到一個小女孩。」

「那是誰？」

「是年紀更小的我。」

「年紀多大呢？」我問。

「大概四、五歲吧。」

「看看當時發生了什麼事？融入那個情境裡，找回自己當時的感覺。」

「爸爸媽媽在吵架，我心裡很害怕。」

「聽到了什麼嗎？」

「聽不到，只感覺媽媽在罵爸爸『吃裡扒外』。」

「什麼事會讓媽媽這樣罵爸爸呢？」

「爸爸把剛發下來的工資借給別人了。我爸爸在公司人緣很好，誰家有困難他都願意幫，也不太在乎錢，而媽媽很在乎。」

「妳當時有什麼感受呢？」

「很同情爸爸，我不喜歡媽媽那個樣子。」

「什麼樣子？」

「總是很霸道、不講理。」

「後來呢，又發生了什麼嗎？」

「我到房間裡拿了我的壓歲錢，把它交給爸爸。」

「然後呢？」

「爸爸親了我，說我很乖，但不要我的錢。」

「然後呢？」

「媽媽很凶地把我的錢奪過去，還拿零錢打發我去買醬油。」
「妳怎麼辦？」
「我心裡非常不情願，但媽媽口中一直在罵、在叨唸。」
「妳聽見她說什麼了嗎？」
「她說：『妳愣什麼愣，快給我去啊！』我很不情願。」
「當時是什麼讓妳不情願呢？」
「可能是媽媽當時心情不好，她說話的語氣讓我很不舒服。」
「後來呢？」
「後來我只好去買醬油。」
「後來又發生什麼了嗎？」
「沒有了。」
「這件事妳是什麼感受呢？」
「我感覺很委屈，也很後悔讓媽媽把錢都拿走，心想有錢就要自己存起來。」

「從這件事中妳領悟到什麼呢？」

「我跟媽媽處不來，她向我要錢時我也不想給，但又沒辦法，總是覺得很矛盾而糾結不已。一想到媽媽對錢那麼小氣，我就很鄙視她，我更希望自己像爸爸一樣。」

我引導她在光裡觀想這些事件中的錢，讓她跟金錢溝通。她說觀想到這些錢的時候很開心，但錢看起來跟她有些距離。

她說想讓這些錢離她更近一些。我說：「妳可以直接對錢表達這個想法。」

於是她對錢說：「我愛你們，但你們為什麼要離開我呢？」

接著，我引導她融入錢，去理解錢回應她什麼訊息，並讓她憑直覺表達出來。

她說：「錢像在告訴我，是妳自己不希望我們來妳這裡的，我們只是配合妳內心的想法而已。」

我問她：「妳能理解金錢這句話的意思嗎？」

「錢像在說，妳內心裡有個想法是『寧願失去錢也不要給媽媽拿去』，我們感覺到妳有這個想法，就離開妳了。」
我問她：「金錢說得對嗎？」
她點點頭：「有時我心裡確實是這麼想的，可是我沒想到這會讓我炒股票虧掉那麼多錢。」
我對她說：「妳還想對金錢說些什麼，就接著說。」
她問錢：「可是，你們為什麼要在我炒股的時候離開呢？」
她接著說：「錢告訴我，股票下跌只是它們離開我的一種方式。當他們不想待在同一個地方，或者不想待在同一個人手上時，就會用能量的流動方式離開。」
我說：「妳可以問問它還會以什麼方式離開？」
我也有一點好奇了。
她說：「有時是做生意虧損，有時是被人騙，有時可能是遺失錢包，有時是把錢花在自己感覺不到太多價值的東西上等等，任何方式都有可能。失去錢的表面原因很多，內在原因則是人類的某些想法在驅使金錢離開。」

我有點吃驚，但還是繼續引導她：「妳還想對這些錢表達什麼？」

她說：「我想請我的錢回來可以嗎？」

「那妳問問它們願意嗎？」我說。

她對錢說：「對不起，我以前沒有珍惜你們，以後一定會改正。希望你們都能回來，我再也不想失去你們了，我太需要你們。以後，我也不會因為媽媽說的話而糾結了。」

我問她：「妳感覺錢聽到這些話後會對妳說什麼？」

「這些錢很高興聽到我這麼說，它們好像一個個長了腳的小人一樣跑到我跟前。」

她說這些話的時候，臉上綻放著光采。

我看了一下時間，溝通已經進行快兩個小時，於是我告訴她這次溝通將告一段落。

她點點頭，我引導她讓意識回到當下。

她睜開眼睛後對我笑了笑，並一再向我表示感謝，說這次的溝通簡直太神奇了。

她以前也對很多人進行過催眠，但像這樣跟金錢的溝通卻是第一次。這也讓她感到自己的事業還有更大的潛力可以挖掘。

◎ **重點整理**

療癒你與金錢關係的溝通筆記

◆ 首先，金錢喜歡流向人類創造價值的地方。
◆ 創造價值本身，即是有錢人的潛在特質：了解並重視金錢的價值，從事自己熱愛的行業，服務並為更多人創造價值。
◆ 但是你潛意識中的恐懼，會讓金錢遠離你。
◆ 當你真正釋懷了心中所有的恐懼，才能放手去做自己喜歡的事，建立清晰且具體的目標，創造價值。如此一來，金錢就會不請自來。

第三章

金錢
是一面鏡子

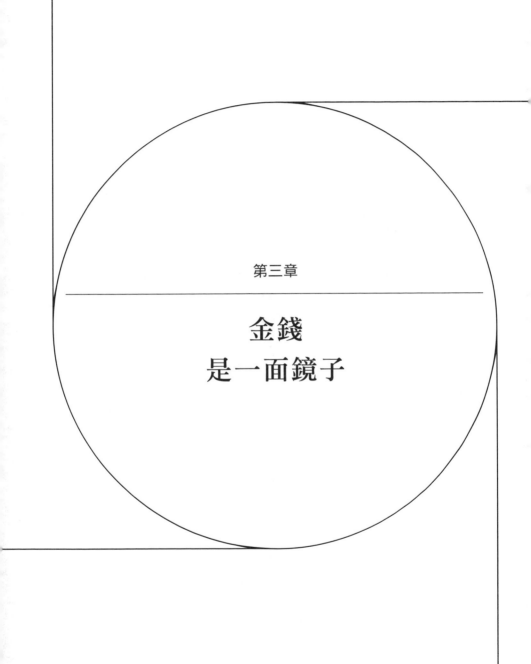

通過上次的個案，我領悟了很多。

一方面，我非常感慨，金錢的到來或離去，竟然會遵循人們內心的聲音，真是神奇；另一方面，我們所碰到的金錢問題似乎也在提醒，它注定跟我們生命中某些重要的關係是分不開的；正如我這位催眠師朋友面臨到的，她在金錢上的失去，跟她對父母親的情感糾葛息息相關。

這次溝通之後，我隱隱有個預感。儘管催眠師這次放下了對亡父的牽掛，也釋放了多年壓抑的悲傷，可是她與母親的關係仍待改善，而這或許會是她今後無法逃避的人生功課。

不出我所料，這位朋友後來又屢次找我做個案分析，問題在於她在生活中發現自己跟母親存在許多難以解決的衝突。

我想到多年前，日本作家江本勝寫過一本書，叫作《生命的答案，水知道》，引起各界廣泛關注。這本書說，水就像一面鏡子，它們在結晶狀態下常會同步反映出人類的情感波動，例如在裝水的瓶壁上貼上不同的字或照片給水「看」，結果不管是哪一種語言，看到「謝謝」的水結晶非常清晰地呈現出了美麗的六角形；看到「混蛋」或「煩死了」的水結晶則破碎而零散。因此，他得出一個結論：水是有意識的，當它感受到美好與正向的情感時，結晶會顯得十分美麗；當它感受到醜惡與負面的情感時，結晶往往變得醜陋且不規則。

他的結論不見得每個人都贊同，但從某種程度上來說，這種觀點印證了量子物理學家提出的「觀測者效應」理論。

所謂「觀測者效應」，即認為微觀物質，尤其是小到比分子更小的原子或次原子粒子，常常會受到觀測行為影響，導致現象中的各種參數、性質都難以精準測量與界定。

由於科學家提出這樣的觀點，愈來愈人開始關注人的意識跟物質之間的關係。英國物理學家亞瑟・愛丁頓（Arthur Eddington）說：「我們總認為物質是東西，但現在它不是東西了；比起其他任何東西，它更像是念頭。」

德國物理學家漢斯—彼得・杜爾（Hans-Peter Dürr）接受採訪被問及物質到底是

什麼的時候，也說過類似的話：「說到底，物質並不存在，至少它不是我們通常概念中的那樣。世上只存在著關聯式結構，且不斷變化。我們很難想像這個情況。從根本上說只有關係，一種沒有物質基礎的聯結。我們也可以稱之為精神，只能感受而難以觸摸。意識和物質是次生的，可以說物質是精神凝結僵化後的產物。」

從這個意義上去理解，就意味著不僅水是有意識的，萬物亦然，金錢也是世界上的物質之一。

如果水知道答案，那金錢肯定也知道，萬物都知道答案。

金錢就跟水一樣也是一面鏡子，投射出不同使用者的心靈意識。

接下來，我所描述的一些發生在個案身上的故事，也確實反映出這一點。

財富的
心靈法則六

金錢是一面鏡子，投射出我們與生命中重要關係的樣貌。

對投資的恐懼，投射在金錢上

他是一名證券公司的業務員，年紀三十歲出頭，來工作室找我時一副意氣風發的神情。

他剛剛進入一家公司實習，工作內容是向客戶介紹期貨投資。他對這個行業和工作充滿了期待，並即將開始一段全新的職業生涯。但是，他慢慢發現一個奇怪的現象：他在實習操盤的時候，內心總是會油然生起一股莫名的焦慮和恐慌感，尤其當他要點擊滑鼠執行買賣決定的時候更明顯。他意識到他的同事並沒有像他這樣，這完全是自己的心理問題。因此他需要改變這種情況，否則會成為事業發展的阻礙。

於是他在網上搜尋到我的資訊，向我預約個案分析。

他如約前來，我大致了解他的情況後，我們就進入了正式的心靈溝通環節。我引導他調整呼吸、觀想光，進入全身放鬆的狀態後，便問他：「現在進入你的內心，如果有什麼事讓你感到罣礙，就直接說出來。」

他聲音低沉地說：「我想知道自己為什麼會恐懼，我到底在害怕什麼？」

我繼續問：「是什麼讓你認為自己心裡有恐懼呢？發生了什麼事？」

「我在公司實習的時候，發現模擬做單讓我很緊張。」

「請你回到公司那個情境中，當時你在做什麼呢？」

「我在看著電腦演練操盤。就在要用滑鼠按鍵下單的那一刻，內心不知為什麼會忽然一陣慌亂，手還會發抖。但我不想被旁邊的經理看出來，所以努力控制自己，表現出鎮定的樣子。」

「請你將自己帶回到那一刻，在要下單的時候，你看到了什麼？」

「看到很多曲線圖。」

「當時有誰在旁邊？」

「很多同事，他們也坐在電腦旁；還有經理，他在指導我旁邊的同事，偶爾看看其他人有沒有問題。」

「你聽到什麼了嗎？」

「聽到經理在訓斥那個同事，那同事也是新來的業務員。」

「他說了些什麼？」

「他在數落那同事：怎麼來這麼久了還什麼也不懂！」

「你聽見之後有什麼感覺？」

「我感到壓力。」

「後來呢？模擬下單的時候你怎麼了？」

「我心裡很緊張，拿滑鼠的手在發抖。」

「請重複這句話！」

「我心裡很緊張，手在發抖。」

「再重複！」

∴　　∵

「帶著這個感覺，你往更早之前看看有沒有發生類似的事？」我繼續引導他。

他稍微停頓了一會兒說，想到自己當武警時發生的事。

「那是什麼時候？」我問。

「五年前。」

「發生了什麼事？」

他一句一句給我講出了他的故事。

那時他在武警部隊當兵，每年都要執行一個特殊任務——槍斃死刑犯。

第一次是在他入伍後不久，還是菜鳥的他去刑場觀摩老兵槍斃死刑犯。他看著一個個犯人被押送過來站成了一排。

當他聽到教官厲聲發號施令時，他發現自己感到恐懼。但他一點也不敢表現出來，因為部隊總是一再強調作為軍人必須有堅強的意志。表面上他不能表現出任何異樣，在心裡他不斷暗示自己要堅強，以平息內心的慌亂。

就在聽到教官下達槍斃命令的一瞬間，他的腦袋幾乎一片空白。他下意識地把頭扭到一邊，不敢看那些死刑犯。他還告訴我，令他羞恥的是當時差點小便失禁，好在強迫自己忍住了。

過了一年，他已經算是老兵了。有一次負責押送死刑犯去刑場執行槍決的任務時，他發現自己還是掩飾不住內心的恐慌。他還記得在用軍車押送犯人去刑場的路上，站在旁邊的一位死刑犯對他說：「兄弟，等下開槍的時候瞄準點，給老子來個痛快的。」

當時，他很能理解這些死刑犯的想法。這些人都希望自己在死前能少些痛苦，最好一槍殞命。聽了死刑犯這麼說，他笑了笑，心裡明白自己沒什麼自信，嘴上卻還是應了一句，「你放心吧。」

到了刑場，他在端槍瞄準時，因為恐慌手有點發抖，結果射偏了，沒有打中那名囚犯的要害。教官檢查時發現，囚犯還沒死，不得不讓其他人補上一槍才算完事。這件事讓他心裡一直有個疙瘩，他甚至覺得自己對不起那個囚犯。

他說的很多細節我已經記不清了，無法完整還原他的每一句話。但我當時確實很小心地引導他，讓他在內心重新經歷了那件事。

兩個多小時內，我一遍又一遍地陪伴他回到那個情境中，反覆體驗當時發生的一切，包括他聽到的指令、看到的場景、身體的感覺，以及內心壓抑的情緒和感受……

他重複一些指令的時候，好幾次跟我說，他頸後有個部位疼痛不已。我猜想這是因為他一直用意志力來壓抑身體的某些反應所導致的，建議他不用太在意那個症狀。果然，在溝通後一個星期的某天，他對我說疼痛的症狀已經消失了。

兩個多小時的溝通讓他心裡輕鬆了很多。他意識到自己操盤時所感受的恐慌，竟跟內心放不下的往事有著很大的關聯，尤其是那些反映在身體上的感覺，很清楚透露了這個訊息。他內心的恐懼通過手指動作流露，揭示了隱藏其中的內在聯繫，也讓他確信這次的溝通回溯對他有所幫助。於是，第二天他再次找上我，希望能繼續溝通。

對死亡的恐懼，限制了自己

第二天，他再次來找我。

我又一次把他引導進入身體放鬆狀態後，讓他回溯過去發生的事。此時，他說腦海裡浮現出自己年幼時父親去世當晚在家守靈的畫面。

「你看到了什麼嗎？」我問他。

「我看到一個棺材。」他回答說。

「那是在什麼地方？」

「在家裡。」

「你當時多大年紀？」

「十歲吧。」

「爸爸是什麼原因去世的呢？」

「他得了癌症。」

「你爸爸去世時你在哪裡？」

「我還在學校上課。」

「你是怎麼知道爸爸去世的？」

「我當時在上課，導師從教室門口把我叫到外面告訴我這件事。出來後，我看到叔叔來了，他帶我回家。」

「當時導師和你叔叔對你說了什麼嗎？」

「叔叔說：『回去看看你爸，再晚就看不到了。』」

「你當時什麼感覺？」

「我腦袋一片空白。」

「請重複你叔叔的話。」

……

「然後呢？」

「我流眼淚了。」

「還聽到什麼嗎？」

「導師說：『你要堅強一點，回家要聽大人的話。』」

「請重複這句話。」

「後來呢？」我小聲地繼續問他。

……

「我跟著叔叔回家。」

「回家後看到了什麼？」

「看到家裡來了很多親戚，爸爸躺在客廳裡，躺在門板上。」

「還有呢？」

「我媽媽在哭，嬸嬸在一旁安慰她。」

「請重複。」

……

「你當時有什麼感覺？」我接著引導。

「我很害怕，不敢哭。」

「後來呢？」

「快到晚上的時候，爸爸被抬起來放進棺材裡。按照我們那裡的習俗，夜裡要守靈。」

「請你回到夜裡守靈時的情景，當時你有什麼感覺？」

「我感到很害怕。」

「嗯，我理解。除了你，當時還有別人守靈嗎？」

「沒有，就我一個人。」

「融入當時的情境，看看那是怎樣的場景。」

「屋裡沒有電燈，只有蠟燭，外面很黑。」

「請重複。」

∴　∵

「還有呢？」

「房間裡只有一口大棺材。」

「回憶當時的情景，請你重複這句話。」

∴　∵

「能聽到什麼嗎？」

「聽到外面傳來『嗚嗚』的風聲。」

「請重複。」

……

「你感覺到什麼？」

「我感到有點害怕。」

「請重複。」

……

「身體有什麼反應嗎？」

「身體很緊張。」

「再重複。」

……

「然後呢？」

「我不斷暗示自己不要害怕，要堅強。」
「再重複。」
……
「然後呢？」
「後來天亮了。」
「發生了什麼事嗎？」
「沒有。」
「這件事讓你領悟到什麼？」
「我很怕死，也很怕與死亡有關的事。這也許跟我父親的去世有關。」
「還有嗎？」
「我每次害怕時，都不敢表現出來，習慣透過暗示自己來壓抑內心的恐懼感，但心裡其實還是感到恐懼。」

讓他重新回溯了父親去世的過程後，我繼續引導他：「往更早之前去看看，有沒有發生類似的事？」

他說想到小時候曾經意外溺水。

沒想到他小時候竟然經歷過這麼多讓他感到恐懼的事。依我的經驗，愈是在我們生命早期發生的特殊事件，對我們日後生活的影響就會愈大。

「那是什麼時候發生的事？」我問他。

「六歲吧。」他說。

「在哪裡呢？」

「在一條河裡，我們在游泳。」

「發生了什麼事？」

「我跟鄰居的小孩在打水仗。」

「然後呢，發生了什麼事？」

「我好像突然踩空了，心裡一慌，嘴裡灌進了水。」

「然後呢？」

「我嗆了一口水，開始掙扎……」

「請重複。」

∴　∴　∵

「然後呢？」

「我的腦袋一片空白，記不清了。」

「那時你聽到了什麼？」

「隱隱地聽到旁邊的小孩在喊：『不好啦！小明不見了！』」

「請重複。」

∴　∴　∵

「你當時身體感覺到什麼？」

「很緊張。河水把我淹沒了，耳朵裡也灌滿了水……」

「請重複。」

……

「然後呢？」

「我用手拚命亂划、腳也亂蹬……」

「請重複。」

他說這些話的時候，表情變得扭曲，身體也明顯緊張起來，彷彿整個人都回到當時那個突發情境中一樣。

「後來呢？」

「一個大人趕過來，跳下水拉住我的手把我救起來……」

「那是誰？」

「隔壁的李叔叔。」

「然後呢？」

「我看到自己躺在岸邊，旁邊圍了幾個大人，有人在大聲喊我媽媽的名字，說：『你兒子出事了！』後來，我媽媽趕來了……」

「後來還發生了什麼？」

「媽媽很自責，坐在我身邊哭，旁邊的鄰居在勸她。」

「你能聽到他們說什麼嗎？」

「好像在說『沒事就好，下次要注意』之類的話。」

「再重複你當時聽到的。」

我引導他把整個事件回溯了兩遍，借助再現當時的情境，幫助他把壓抑在身體裡的緊張和內心的恐懼釋放了出來。

後來，我問他從這兩次經歷中領悟到了什麼，他說最大的領悟就是看清楚了自己恐懼的根源。因此，他再一次感到心裡輕鬆了很多。

除此之外，他也明白了自己從小到大怕水的原因，很多次他想學游泳，都是半途而廢。

他還領悟到，當一個人沒辦法正視自己恐懼的事物時，做很多事情都是受到束縛和限制的。當我們愈想逃避什麼、或愈想壓抑什麼，反而愈加深了對這些事物的恐懼。而這種恐懼感也常會投射在自己生活中的其他面向，例如工作和金錢，導致做什麼都不順遂。

我總共跟這位個案溝通了五次。

溝通結束差不多一星期後，他打電話給我，說幾次下來的溝通對他幫助很大。再後來，我在一次心靈成長課程中又見到他，雖然沒細問他的近況，但從他的表情和神態上看起來，我肯定他在職場上一定順遂多了。

愧疚感在內心搭起的障礙

我有一位男性朋友，也感到自己在賺錢上遇到障礙。當時，他跟幾個合作夥伴成立新公司，準備生產一種新產品。不料公司在融資時遇到瓶頸，他很擔心會導致創業失敗。

我先引導他進入潛意識的放鬆狀態，讓他回溯過去發生的事件，進而探索阻擋在他內心的障礙。

前幾天，他和合夥人與北京的一家風險投資機構負責人一起吃飯，聊到了他們的新專案。他聽出了對方語氣中流露出的不屑，明白對方對新專案的評價不高，不禁感到心裡一沉。從那時起，他就開始對幾個合夥人及新公司的未來擔心不已，信心也大打折扣。

更早之前的一次創業經歷，是他上大學時，從一位做文具批發生意的親戚那裡要來一些計算機，想在校內各宿舍推銷。但還沒開始，就遭到室友奚落，他頓時在心裡打了退堂鼓。結果，這些產品一個也沒賣出去，原封不動地退給了親戚。

再往更早之前回溯，他想到自己四、五歲時與鄰家孩子一起去鎮上買油條，炸油條的小販一邊忙、一邊大聲地朝他們吼著：「要多少根？」他被那個小販的吼聲給嚇住了，心裡很害怕。

他想起自己更小的時候，經常弄壞抽屜或其他物品，每次都被媽媽罵一頓，說他「只會搞壞東西」。

再往更早之前回溯，他看到一歲多的自己正躺在搖籃裡，原來他發燒了，半睡半醒。當時，他很希望媽媽能照顧、安慰自己，但爸媽都在忙，只有年邁的奶奶在身邊。

我引導他再往更早之前回溯，他又想到了稍微大幾歲時發生的事。有一次，他看到媽媽打罵三姊，三姊在哭；媽媽的個性很急，好像後來也哭了。他不知道發生了什麼事，只感到自己當時有點怕。

他記得小學一年級時，自己在教室裡上課時忽然流鼻血，隨後昏倒。一位男老師看到，隨即趕過來抱起他、掐他的人中。不久他清醒過來，卻忍不住擔心自己之後會不會就這樣死掉。

他還想到有一次，幼小的他隨媽媽去趕市集。媽媽買了甘蔗給他，他吃著吃著，突然發現和媽媽走散了。他找不到媽媽，看到滿街都是人，心裡非常害怕，於是他一邊哭一邊問人。當他好不容易終於回到村子，發現家裡每個人都在焦急地尋找他。

再往前回溯，他想到了二姊。那時家裡女孩子多，二姊從小就被爺爺送到姑姑家裡養。每年二姊都會回自己家住幾天，要回姑姑家的時候都會很捨不得，每每哭得稀里嘩啦。他也非常難過，捨不得二姊離開。有一次，二姊因為不想回姑姑家跳了河，被鄰人救上岸。他當時在家，聽到外面有人大喊：「有人跳河了！」便跑出去看，發現是二姊，被人救起來後渾身濕漉漉地躺在地上，只見爺爺不住大聲訓斥，媽媽則在一邊哭泣。他很難過，每次回想起這件事，就感覺全家人都對不起二姊，他心裡有著很深的虧欠和愧疚感。

後來，二姊沒有再回姑姑家，留了下來，但他依然感到愧疚。從那時起他就想，等自己長大後有了工作賺了錢，一定要幫助家裡。他工作後借給二姊很多錢，幫她做生意，二姊卻意外被人騙去了很多錢。他直覺地感到，這跟自己心裡的愧疚感有關。

⁖ ⁖ ⁖

說完了這些，我問他從中領悟到什麼。他說他意識到事業與金錢上的不順利，跟自己心裡一直埋藏的許多擔心與恐懼——尤其是對失敗——有關。

他對二姊的虧欠和愧疚感，也投射在他與金錢及事業的關係裡。他常讓自己背負起過多的責任，在某種程度上來說，這也限制了他的事業發展。

從這個個案的經歷，我在關注人們的恐懼感的同時，也試著關注隱藏在人們內心的負面情感模式，例如虧欠感、愧疚感甚至是罪惡感，並探索、發掘這些情感對人與金錢關係的影響。

財富的心靈法則七

內心的負面情感，會限制我們在金錢與事業上的發展。

清理財富障礙的四個問句

對於那些認為自己在事業和財富上，甚至在人生道路上有著過多挫折、障礙、艱辛的人，我經常會問他們以下四個問題：

一、從出生到現在，做什麼事會讓你感到愧疚、自責，甚至有罪惡感？

二、從出生到現在，做過什麼是你感覺不該做的事？

三、從出生到現在，有什麼事是你感覺該做卻沒有做的？

四、從出生到現在，你是否有任何對一般人或較親近的人所隱瞞的事？

很多人之所以存在潛在的心理障礙，往往是因為前述四個問題中的「答案」，帶給他們過於負面且沉重的感受。一個人有難言之隱、卻無法向親近的人表達，就會造成心理障礙，甚至會積鬱成疾。

如果人們願意一點一點地敞開心房，把那些不敢說出口的事情對旁人傾訴，往往能因此減輕心理負擔或澈底釋懷，內心也會輕鬆許多。

有一次，一位女士來做個案諮詢。她患有嚴重的憂鬱症，事業上遇到阻礙，婚姻也看似快到盡頭了。在第一次面談後，我給她一道家庭作業，就是讓她回答前面的四個問句。

她說才看到第一個問句，心裡就「感到震撼」。

我告訴她不用急於回答我，回去之後好好想想。無論內心浮現什麼畫面，產生任何感受或想法，都要讓自己事著面對，等到下次諮詢時再與我分享。

第二天，她打電話告訴我，她回去之後仔細想了這四個問題，覺得自己似乎找到了事業受挫的根源。過了幾天，她再次前來諮詢，跟第一次來訪時相比就像換了一個人。

當然，這四個問題並不是在任何情況下都適用於提問。只有在當事人信任、且願意對你敞開心房時，他們才會坦誠以對。當我決定用這幾個問句探索個案的內在罪咎感時，我會先檢視自己的心態。例如在詢問過程中，不能自己視為道德評論家，更切忌擺出居高臨下、像在審問的姿態。如此一來，才可能讓對方真正發掘出自己內心的情感。

畢竟，一個人深受愧疚和罪惡感的折磨，不一定是因為真的犯了錯甚至犯罪，可能還有更深層的原因。正如後面我們要談到的，人們做出了某些不可理喻的事，內心產生罪咎感，除了個人因素，可能還有系統層面的原因。

懺悔之後，金錢流回來了！

在一些個案中，一旦當事人探索並清理了內心對於金錢的恐懼和罣礙之後，他們的現實狀態也會隨之發生變化。大多數情況下，金錢很快會透過某些管道流回來。

一位女士找我做個案諮詢，她表示最近與別人一起借錢合夥炒股，因行情下跌而欠下了十來萬。債主們每天電話催債，甚至上門討債，還將她告上法院。全家人整日為她擔驚受怕，她也十分焦慮自責。因此她來找我進行溝通，就是「實在不想讓家裡人再擔心了」。

我引導她描述了飽受困擾的官司後，又讓她回溯過去，並詢問是否發生過任何關於金錢的事讓她感到罣礙。她說，自己這十多年來對金錢的態度都太過隨意，似乎「沒有好好珍惜擁有金錢的時光」。

我問她，什麼事讓她產生這樣的感覺。她回答，前幾年在金融證券業工作時，由於能得到內線消息，加上政策寬鬆，利潤好、消息多，賺錢對她而言成了一件很輕鬆的事。不知不覺間，她在開銷愈發沒有節制，出手送禮闊綽，非名牌不買，隨便吃一頓飯都要千元以上。那時的她完全沒料到股市會大起大落，自己會因欠債而被告上法院。想起這些往事，她就後悔莫及。

我決定引導她，讓她跟這些被任意揮霍掉的錢進行溝通。在引導她把內心專注「融入」到金錢時，她變得非常激動。金錢似乎對她很不滿；也正因她對金錢的態度太過任性，毫不懂得珍惜和尊重，才使得她在潛意識裡希望獲得教訓，於是「創造」

出股市大跌、失去金錢的結果。

她在潛意識裡了解金錢傳達的這些「想法」時，情緒很激動，最後竟泣不成聲。可能是因為長久以來加諸在自己及親人身上遭討債的壓力，內心累積的憤怒、委屈和內疚始終未能獲得宣洩，此時這些情緒就這麼一股腦兒地隨著淚水奔湧而出了。

當我問她想對這些錢表達什麼時，她開始不斷地道歉，彷彿在懺悔做了不該做的事——任性且無節度地用錢。

然後，當我問起金錢如果聽到這些懺悔會有何反應時，奇怪的事發生了，她說金錢似乎感應到她的懺悔，願意原諒她。

更奇怪的是，當我讓她在光中向金錢告別時，她竟告訴我「這些錢都不願再離開我，該怎麼辦？它們甚至表示願意帶更多錢回到我身邊」。這種情形讓她立時破涕為笑。

方才她還在泣不成聲、後悔莫及，如今卻又開懷大笑起來。這讓我感到不可思議，隱隱還有點擔心，怕她的情緒起伏過大。

所幸結束溝通之後，她回到了平時的狀態。

做完這次溝通的半個月後，我在另一個場合遇見她。打招呼後，她告訴我一個好消息：自從做完那次溝通之後，她的瑜珈館幾乎每天爆滿，前來辦理加入會員和學瑜珈的人絡繹不絕，有時還要排隊。她已經準備籌辦第二家分館了。

看來，她的財運變好了，而且變化得很快。

還有一位男性個案，是佛教居士，在一家房地產公司的工程部任職。他來找我是想了解，這種心靈溝通的方法對他和家人在治療疾病上是否有效。我跟他溝通後，他的宿疾魚鱗癬竟然得到了明顯的改善。

更不可思議的是，心靈溝通也間接改善了他與妻子和女兒的關係，儘管我一次也沒見過她們。

最讓我記憶深刻的是他對金錢懺悔的那一幕。他曾在公司的採購部門任職，常常收到一些客戶的紅包，這些紅包也成了他收入的一部分。我們在溝通的時候，他主動說出這一切，對這些事表達懺悔，並表示以後絕不再犯這樣的錯誤；他還決定打電話給客戶，表明自己往後絕不再接受任何紅包。他也發願，以後要「過午不食」，堅持每月放生。

就在這次溝通快結束的時候，他說自己腦海裡浮現出一幅未來的生活畫面：若干年後在深圳買了房，全家人快樂地住在一起。

當時我並沒有太在意這幅未來的景象，以為不過是他的想像而已。

他回去後也百思不解，始終不明白自己如何能在深圳買得起房子。用他的話說，目前全家都靠他一個人的收入支撐；沒有了客戶的紅包，他一個月的薪水就只剩下四千元人民幣。這份收入雖足以維持全家人的日常開銷，但要在深圳買房定居無異杯水車薪。

他始終想不通自己未來買房的錢能從哪來。於是，他又一次來到我的工作室，請我務必再做一次溝通。看到他如此堅持，我也就答應了。

如今回想起來，其實那時我因為也想不通這件事，不得不說也懷著一些好奇心。

我引導他再次觀想那幅未來買房定居的畫面。

我讓他「融入」這個畫面，並說說這座房子到底花了多少錢。

他說要三百萬左右，於是我引導他觀想並「融入」這些錢。他驚訝地說：「我腦海裡出現了很多烏龜的畫面」。

我問他這些烏龜正在告訴他什麼訊息。

他說，直覺中這三百萬是他每月放生的烏龜帶來的。

看來那是一筆意外之財，我暗想，同時也感到不可思議。於是我耐著性子，小心地問那些烏龜是怎樣帶來這三百萬。他進一步理解這個訊息的同時，說自己腦海中又浮現了另一個畫面：他手裡拿著一張彩券。

原來，他看到未來的自己在一個偶然的機會下跟著公司總經理出差，經過賣彩券的小販時，總經理習慣地買了彩券，他也跟著買了一注，結果中了大獎。他繳完所得稅後，把這筆款的尾數捐給慈善機構，自己最後所得正好是三百萬……

他說這些話時，我依然不敢相信，因為這是我第一次碰到這樣不可思議的個案。

若非親身經歷，我是絕對難以做出如此大膽的想像。在這個過程中，我甚至一度懷疑自己是否應該將此話題繼續溝通下去。因為這件事不僅超出他所能理解的極限，也超出我能理解的範圍。

這次的溝通接近尾聲時，我問他從中領悟到什麼，他說沒想到堅持放生會給自己積累這麼多福報。

幾年過去，我一直沒有主動聯繫這位個案，也不知道他是否中了彩券。但我相信，這個世界上總會有奇蹟發生。即便不是中彩券，金錢也可能從其他的管道流向他，誰知道呢？

在前述兩個案例之後，我領悟到當人們敞開心房、毫無罣礙和恐懼時，金錢這股能量流回來的方式，常常會出乎人們的意料和想像。

我曾在一本勵志書上讀到：「人一生的成就，不會超過他的想像。」然而我如今看來，這句話是值得商榷的，人所能想像的範疇，究竟誰真的能預料得到呢？

◎重點整理

療癒你與金錢關係的溝通筆記

◆金錢有意識、也有情感，它是你心靈意識的一種體現。

◆金錢的到來與離去，是遵循你內心的聲音。

◆過往的負面經歷，通常會成為你與金錢溝通的阻礙。

◆清理你的內心，金錢會流回來！

第四章

金錢是
信念運作的結果

跟金錢多次的溝通讓我體會到，對人們而言，金錢永遠不是一個獨立的概念，而和家庭、情感、身體等各面向息息相關。

與人、事、物的關係狀態會影響我們的情緒，而我們也常把這些情緒無意識地投射在其他事物上，例如金錢。這也導致我們在賺取金錢時遇到阻礙。

人們通常想賺得更多，但在面對金錢時，又各自存在不同的恐懼。人們會在潛意識裡，將金錢與那些讓他們感到害怕的事物、情境連結在一起。

一旦潛意識與日常觀念發生衝突，就好像開車時一腳踩著油門正常行進，另一腳卻大力踩下剎車，其結果也就可想而知了。

至少我的個案所遇見的各種情況說明了這一點。

對於一位資深的心靈溝通工作者來說，經歷愈豐富就愈能體會到，在這個世界上，內心毫無恐懼意識的人實在少之又少。

從某種程度上來說，恐懼是人類集體意識的一部分。在這個充滿貧窮、飢餓、罪惡、戰亂……佛教稱之為「娑婆」的世界裡，恐懼早已根深柢固在我們的種族意識、家族意識，乃至每一個群體意識裡。它不在父母長輩身上，就在同儕朋友當中——那些我們從小到大被灌輸的、忽視豐盛而深陷匱乏的觀念裡。

我愈來愈相信，金錢背後蘊藏著某種神祕的力量或法則。這個力量我們無以名之，就像人們常說的「靈魂」一樣神祕。

很多人潛意識裡對金錢的恐懼，恰恰反映出他們對金錢的理解上存在偏差；他們在不自覺中將自己對金錢的想法與恐懼感連結在一起，這在心理學上稱為限制性信念。

可以說，每一種恐懼的背後，都有限制性信念在作怪。它讓我們認為失去金錢或不值得擁有金錢，都是理所當然的。

不妨試著檢視我們內心深處，是否有以下對金錢的觀點：

- 賺錢是不容易的事
- 錢總是愈花愈少

- 我天生就不是賺錢的料
- 錢很庸俗
- 有錢就不安全
- 談錢傷感情
- 正直的人不應看重金錢

或者，你擁有與前面完全相反的觀點：

- 賺錢是很容易的事
- 錢總是愈花愈多，或花出去還會流回來
- 賺錢讓我有成就感，我天生喜歡賺錢
- 錢有靈性
- 有錢讓我感到安全

● 談錢不傷感情，沒錢才傷感情

● 君子愛財，取之有道

前述截然不同的信念，會怎樣影響我們呢？是讓我們與萬物連結時更有力量，還是更軟弱無力？

信念的力量能使我們與金錢產生緊密的連結；卻也能導致我們與金錢無緣，即使努力拚搏多年仍一無所獲。或者即使辛苦賺了錢，卻因各種意外而失去它。

無論金錢存在、不存在我們身邊；金錢來了抑或流失了，都是這股力量運作的結果。

我們心中想的會成真

不只金錢有靈，我們身邊的每一樣物品都可能有靈。有時候我們遺失財物、買了

財富的心靈法則八

限制性信念會讓我們對金錢心存恐懼。

不必要的東西，或弄丟自己的心愛的事物，我們總以為是偶然。事實上，這當中存在著必然，而很多案例說明了這一點。

有一次，一位女大學生來找我做個案諮詢，想解決人際交往中的自卑感，以及身體疾病相關問題。

我們進行了十個小時的心靈溝通之後，她對這些問題的認識清晰了許多，也大多釋懷了。等到溝通結束，她問我：「老師，世界上任何事物真的都有『靈魂』嗎？每個事物都有各自的想法嗎？」

我告訴她，就像每個人的內心世界都有潛意識，事物本身也各自擁有獨特的振動頻率。這讓事物得以和人進行溝通，這或許就是所謂的「靈魂」吧。

她又問我：「老師，我最近為什麼常常遺失東西？」

我問：「妳遺失了什麼？」

「手機、錢包。錢包裡除了錢之外還有金融卡、證件等等。有一次連課本也丟了。」

她還告訴我，她在這個學期內已經連續遺失兩支手機了。

她說：「老師，你能幫我個忙嗎？」

我問她能幫什麼。

她說：「我想跟這些物品溝通，確認我丟掉它們是否和我內心的想法有關。」

我說可以一試。我讓她閉上眼睛，引導她調整呼吸，進入深層放鬆的狀態，並觀想自己在光裡面。同時，我讓她想像自己遺失的兩支手機也在光裡。當她觀想到一定程度時，我問她：「妳想對妳的手機說什麼嗎？例如，是什麼原因讓它們離開妳？」

於是，她按照我的引導，問她的手機：「你們為什麼要離開我？」

我用緩慢的語調再次引導她：「在光裡面，請把心打開，去融入那兩支手機。可以憑直覺想像，它們想對妳說什麼？只要感應到任何畫面、想法和聲音，都可以表達出來。」

她說：「手機好像在說：因為妳當時不想要我們了，所以我們才離開妳。我們只是配合妳的想法而已。」

「它們說『妳當時不想要它們』是什麼意思？」我讓她進一步理解這個訊息。

她又問她的手機：「為什麼說我當時不想要你們？」

她再次專注地去感覺，說手機告訴她：「妳那時候根本就不關注我們，不想打電話，也不想跟任何人聯繫。」

這時她好像才有點恍然大悟。

「是啊，這兩支手機都是在學校弄丟的。那段時期，我心情很不好，很不快樂，不想聯繫任何人。尤其不想與當時的男朋友聯繫，我想跟他分手，但他仍繼續打電話給我。」

她還說：「我的腦中浮現出一個畫面：我弄丟手機的場景。那時我悶悶不樂地坐在學校草坪上，把手機隨意放在身後，起身時就忘了。」

我讓她對手機說：「謝謝你們告訴我這些訊息。」

接著我對她說：「現在觀想妳丟掉的錢包，以同樣的方式問它，『是什麼原因讓你們離開我呢？』」

她很專心地觀想光，用心地融入錢包，隨後她好像聽到錢包、金融卡和證件都在對她說：「因為妳沒有價值感，覺得自己不配擁有我們，所以我們才離開妳。」

她說完這些，再次恍然大悟，說：「我確實沒什麼價值感，但為什麼連我的課本也弄丟了呢？」

我讓她觀想在光裡的課本，她問課本：「你們為什麼也離開我？」

課本像在對她說：「因為妳不想要我們，我們就離開妳了。」

她又問：「為什麼會這麼說呢？」

課本告訴她：「那段時間妳根本沒有心思讀書，只是因為期末考快到了，只好逼著自己讀我們。在潛意識裡，其實妳並不想看見我們。」

她再次明白了，對我說：「老師，對啊！太奇妙了，我那時真的是處在這種狀態。」

她說腦中還浮現出另一個畫面：早上，她帶課本去圖書館，到了午餐時間，她離開圖書館時把課本忘在桌上，就被別人拿走了。

我問她，從這次溝通過程中學到了什麼？

她說，原來所有事物都有它們的想法，而這和人們潛意識裡的念頭是一致的。從這一點來看，真的是「萬物有靈」！

留意你的想法

你是否意外弄丟過財物或心愛的物品？而它們怎麼再也找不到了呢？這些「意外」的幕後原因，很可能就是我們潛意識的某些想法所「導演」或支配。

有一次，一位女士前來找我溝通。在這十個小時內探討最多的，就是她的婚姻問題。

她的情況是這樣的：她先生的一位「女朋友」曾經打電話給她，公然挑釁她的「地位」。於是她以死相逼，勉強讓先生回心轉意，並承諾再也不跟其他女性聯繫。但從此以後，她對先生的行動變得相當神經質，透過各種方式查看他的電話、訊息和社交軟體上的所有資訊。

這些行為讓她先生頭痛不已。儘管她先生再三保證不再和其他女性來往，但她始終無法釋懷，依然保持高度的懷疑和警戒感。

我跟她溝通多次，涉及的幾乎全是這類問題。後來，她跟我提到，她先生最近兩部筆記型電腦連續發生狀況：一次是在機場候機，上機時忘記帶走；一次是在餐桌上，一不小心把湯水灑在電腦上，結果完全壞掉了。

說到這裡，我頓時明白了電腦的「離開」並非「意外」，而是她先生的潛意識「造成」了電腦的「離開」。只是這些想法根植於當事人的潛意識深處，他先生並未意識到。

意外表象的背後，藏著這些當事人「靈魂」的聲音：「我寧願失去它們，也不願意某些事發生」，或「我一旦失去它們，就不用再擔心某些事發生了」。

這些想法反映出我們潛意識裡的恐懼，反映出「我擔心」或「我害怕」的真實想法。

如果你也有過意外失去心愛物品的經歷，不妨把這幾句話放在心上，細細地品味。不知道從什麼時候開始，或許是在經歷了這些個案之後，我無論對錢還是物品，心裡都多了一分尊重和一種難以言說的感覺。

探索內在的恐懼

我們與萬物溝通，也就是與自己的潛意識溝通；而與潛意識溝通，也就等於和萬物溝通。這與中國傳統文化裡的「心物一元」或「心物不二」的觀點有些契合。

有天早上醒來時，我突然有個念頭從心底冒了出來：那些來找我做個案諮詢的人，從另一個角度來看，難道不是我的潛意識讓他們來教我功課嗎？每個向我求助的人，都不可能和我毫無連結，不如說他們就像我的鏡子，反映了我內在的一部分。難道不是嗎？

我無法確認這一點，卻也無法完全否認。

時間愈久，我就愈強烈地意識到：這些個案的經歷和所生的困惑，我也彷彿曾經歷過。例如溺水的個案，讓我想起了自己每次學游泳總是一直嗆到的挫敗；而小時候因偷錢買冰棒被父母打罵的個案，讓我回想起被父母打罵的幼小的自己……

於是，我捫心自問：既然我可以幫助別人進行個案諮詢，探索他們潛意識裡的恐懼，為什麼不能和自己溝通，探索自己內心的恐懼？

即使沒有外人幫助，我也可以在冥想中引導自己。

於是，我決定和自己溝通。我先靜坐，讓身體進入放鬆狀態。

我從錢包裡拿出所有的鈔票放在手上，並把每一張都仔細看過、摸過，覺得觸感很好。

這還是第一次這麼仔細端詳紙鈔，專注地感覺它們的圖案和紋路。想像它們如何來到我手中，也想到它們曾待在許多人的手中。一想到是某種因緣把它們帶到我這裡，內心的溫暖便油然而生。我在心裡說：「謝謝你們，我愛你們。」然後，把這些錢放在一邊。

我閉上眼睛，在光裡觀想自己全身，那些錢也在光裡。

接著我問自己：關於金錢，我曾經發生過什麼事，讓自己一直在意和罣礙呢？

我隨意想像，任由腦中浮現任何畫面、感覺和念頭。

首先出現的畫面發生在我的大學時代。我從火車站走出來後被人搶劫，雖然沒有被搶走很多錢，但在逃跑的過程中眼角受了輕傷。這場經歷讓我產生很大的恐懼感，我覺得治安很差、社會也不安全，同時，開始很害怕失去財物。

這個畫面也讓我想到小時候父母對我的告誡：世道很亂，出門在外要小心丟失財物……

接下來，我想到小時候跟父母去市場的情景。父母常為了一點點錢和攤販討價還價……

我還想到有一次家裡遭小偷，父親珍藏的銀元被偷走了……

父母對我說過他們經歷的文革年代。出於這種成長背景，父親對於出門在外財物被偷搶的感受特別深刻，也因此，他的話中時常散發出相關的負面情緒，並讓我對社會產生恐懼、猜疑、不安全感，以及對人際關係的不信任……

這些畫面讓我感到難過。

接下來，我想到自己小時候待在父母臥室裡的事。當時我假裝看電視，其實想偷拿父親衣服裡的錢，正要得手時被父親發現了。我非常心虛，害怕被責罰，為了掩飾，便大哭起來，而父親居然原諒了我。每次想到這件事，我就覺得很羞恥，也對幾乎臨頭的責罰充滿恐懼。

還有一次，我趁表哥不注意，拿了他一些零錢買冰棒吃。表哥發現後告誡我以後不准這樣……我也感到很羞恥。

上了大學，我和同學去女生宿舍，被教官發現還遭罰款。當時我拒絕罰款，還鬧得全校都知道了我的「事蹟」。這件事帶給我的影響仍與金錢有關，並連結了受處罰的羞辱感，很長一段時間我都無法釋懷。

我還想到，念初中時，有一次沒寫完作業，老師竟然揚言要罰我款。我痛恨這名老師的作為，在作文裡罵他是「貪官」。老師看到後在課堂上辯解，宣稱罰款是為我們好。我當時感覺很丟臉……日後想到這件事都會隱隱地感到慚愧。

我還想到，父親為了我的大學學費向親友們借錢。有一次父親抱怨他很辛苦，靠他那微薄工資根本難以供我們上大學。我從父母身上感受到週轉金錢的焦慮、緊張，還有對貧窮的恐懼。

我大學畢業後進入社會打拚，頭幾年總是換工作，偶爾還靠借錢度日。有一次，我向前同事借錢付房租，卻被拒絕，暗自決定不再跟這位同事交往。儘管如此，我還是因為借錢被拒而感到深深的羞愧。

我也想年幼時最慘痛的經歷。那是在夏天，父母不在家，兄妹三個人為了買冰吃，偷拿了家裡的五塊錢，結果忘了找零。父親下班回家發現後，狠狠地揍了我們一頓，父母也因此吵了一架。這件事我是始作俑者，也導致日後想到錢，心裡就產生恐懼、內疚感，還有處罰……

我問自己，還有什麼事曾讓我感到恐懼？

心裡赫然浮現我在大學時上臺演說的場景。我一向害怕在眾人面前發言，上臺之後還差點說不出話來……

還有一次在晚會上，我才上臺，臺下的同學就哄笑起來……

在年紀更小的時候，我跟大人去河裡洗澡，哥哥差點淹死，幸好被人發現救起來……

我有一次在河裡洗澡，回家的路上差點滑下懸崖，嚇得我整個人像靈魂出竅一般，回家不久就大病了一場……

更小的時候，我們在鄉下生活。有一次我看到哥哥被狗咬傷，父親很害怕哥哥會感染狂犬病，趕緊騎自行車載哥哥去很遠的鎮上打疫苗……

過去的畫面就這樣一一浮現，就像放電影一樣。我從來沒想過，金錢的背後竟然牽連著這麼多負面情感。而這些記憶仍歷歷在目，我不禁悲從中來，眼淚撲簌簌地往下掉，最後竟失聲痛哭起來。

關於金錢的冥想和回溯

當我們允許自己回溯過往的經歷時，也許會驚訝於想起的一些畫面和情景，而那些也許是我們很長一段時間都不記得發生過的事情。此時，我們允許它們浮現出來，然後感謝它，最後放下它。

如果在冥想過程中接收到任何負面的回饋，我們要做的是：感謝潛意識傳遞給我這些畫面、聲音、感覺或阻礙，因為這也等於給了我機會去釋放它們。任何負面訊息的來到，我都相信它們是出於善意，也是潛意識給我們機會來放下它們。

你也可以這麼做。

就當是看一場電影。觀看這部由你擔任主角的電影，當中是否曾有因為金錢而被傷害、被欺騙、被搶劫的經歷？

是否有過因為金錢跟某人的關係變得冷漠、猜疑等不愉快的經歷？

是否有過因為金錢而被父母、老師處罰的經歷？

或者反過來，是否有過因為金錢而傷害、欺騙、盜竊別人的經歷？

是否看過或聽過父母或親人因為金錢而跟他人計較、吵架，甚至彼此仇視或嫉妒？

是否曾經透過不正當的管道獲取金錢，導致自己的內心不安、愧疚或感到羞恥的經歷？

如果有的話，試著想想這些事帶給你什麼影響？你對金錢產生了什麼感覺？對金錢又有什麼想法？

關於金錢，你的父母告訴過你什麼？

又或者，你曾有過被父母、親人或朋友再三提醒，出社會不要被人騙錢的經驗？

當他們這麼告誡你的時候，灌輸在你潛意識裡的訊息是什麼？是世界並不安全，或是有錢人並不安全，是這樣嗎？

關於金錢，你的師長同儕曾灌輸什麼觀念呢？

別人灌輸你關於金錢的觀念，你都認同嗎？

再例如，你回溯那些曾讓自己感到恐懼的經歷，就當作接受挑戰，看一場恐怖電影……

回溯了過往之後，我們可以跟潛意識溝通，看看潛意識透過這些經歷要告訴我們什麼。

聽聽看，是否聽到了任何聲音或耳語。無論你聽見什麼聲音，都允許這些聲音發出來，並信任這些聲音。並讓自己對這些聲音說：「是的，我同意。」

後來，我花了很多時間，讓自己進行很多次看電影般的回溯與冥想。每次冥想之後，我都對金錢說：「謝謝你，我愛你。」

這就像是財富版的《與神對話》（*Conversations with God*）中，主人公在書中與「神」對話的場景一樣，而我們的潛意識不也是神嗎？

一個人內在豐足，錢就會不請自來

在那次關於金錢的冥想和回溯之後，我問自己的潛意識：「這些經歷是要我學會什麼呢？為什麼我要經歷這些？」

潛意識隨即出聲：「這既是你的功課，也是你的財富。」

我自嘲說，這算是哪門子財富，我為什麼需要學這些功課？

心裡的聲音回答我：「你不是想幫助更多人嗎？你不是想幫助你的父母嗎？如果你沒有體驗過他們的痛苦，又怎麼能幫助他們呢？是誰更需要幫助？是你自己，是你父母，還是別人？」

是啊，我的功課是什麼？我為什麼要幫助更多人？難道不就是為了幫助我的父母嗎？為什麼我要去怨恨不曾幫助我的人，或者沒帶給我功課的人？

我又問：「我要怎麼做，才能放下對那些人的怨恨呢？」

那聲音說：「去理解他們。他們那時也正面臨心靈匱乏，心靈匱乏的人沒有辦法給予別人幫助。」

我問：「那我該如何走出匱乏呢？」

那聲音說：「只有經歷過匱乏和貧窮，才知道何謂富足。放下對匱乏者的怨恨，你就會自然地體驗到豐盛了。一個人愈是怨恨什麼，他就愈會成為什麼；愈是恐懼什麼，就愈是吸引什麼；愈是逃避什麼，就愈會創造什麼；愈是排斥什麼，就愈是感受什麼。」

我又問：「我該怎麼變有錢呢？」

那聲音說：「一個人內在豐足，錢就會不請自來。」

我觀想到那些曾讓我備感痛苦的錢，我對我的潛意識說：「它們什麼時候才會回來呢？」

那聲音冒出來：「它們一直都在宇宙中，從來沒有離開過你！」

我問：「是嗎？可是我沒在帳戶上看到它們啊？」

那聲音說：「對啊，因為你沒『看到』，它們就不在。當你『看到』，它們就在了。」

我恍然大悟。

當你真心準備好接受它們，它們就會出現。就像一句諺語說的那樣：「當學生準備好了，老師就會出現。」

我在心裡繼續進行對話，儘管閉起眼睛，但不知不覺間眼前已是光亮一片。我在心裡觀想到的金錢和所有畫面，也變得頓時明亮了起來。

說來奇怪，一次像放電影般的冥想，讓我回顧了過往所有跟金錢相關的事件，哭了一場，也想通許多事。我感到釋懷，心裡也輕鬆多了。

金錢讓我看到了自己內心存在已久的恐懼，還讓我看到多年以來，有這麼多關係中的糾結需要得到化解。

金錢是一種關係，也是人際關係的一面鏡子，它能反映出你和這個世界上其他人事物的關係是否和諧。

畢竟，如果你跟世界的關係是和諧的，你就有更多為他人創造價值的機會。如果你跟世界的關係很糟糕，那麼你也根本不會想為這世界創造任何價值。

⊡ 重點整理

療癒你與金錢關係的溝通筆記

◆ 金錢不是一個獨立的概念，它和你的家庭、身體、情感等各面向息息相關。

◆ 你潛意識中對金錢的恐懼，來自於金錢觀念上的偏差。

◆ 信念能讓你與金錢結緣；限制性信念則導致相反的結果。

◆ 試著對金錢冥想，探索你內心最深層的恐懼。

◆ 與金錢對話，與潛意識對話，就是與神對話。

第五章

金錢
是一種關係

什麼是系統？什麼是系統排列？

我們並非單獨存在的個體，而是各自生活在不同系統之中。當你跟任何一個人、一件事或一樣物品有所聯繫時，你就已經和它成為一個系統了。因此，我們無論在健康、事業、財富、感情等面向上遇到問題，都可以透過家庭關係等系統，找出原因及解決之道。

「系統排列」是德國心理學家伯特・海寧格整合發展出的心理治療方法，包括家庭系統排列和組織系統排列，在世界廣為流行。這個治療方法是以某些人作為個案家庭或系統成員的代表，並根據這些代表的反應與排列方式，找出治療的根源與辦法。

海寧格認為宇宙間有一個隱藏的規律，這規律不但及於萬物，也在人類家族系統內運作，他稱之為「愛的序位」。當生命不再和諧，家庭糾紛、夫妻失和、心靈困境、感情挫折、肉體上的痛苦和疾病、事業失敗等問題的發生皆非偶然，常常是因為違反規律所致。許多傷害甚至會重複發生，從上一代延續到下一代。

海寧格有一個很深的洞見：愛與秩序的衝突，是所有悲劇的開始和終結。這句話總結了家庭系統排列的核心，即「愛」的研究。

在研究家庭長達五十年以上，海寧格發現人們面臨的種種問題，例如焦慮、憂鬱、憤怒、罪咎、孤獨、酗酒、吸毒、賭博成癮、犯罪、自殺、問題青少年，伴侶關係緊張、親子關係不和，甚至身體疾病背後；其中一個重要原因，是我們當中許多人承接了家庭上一代或前幾代的「問題模式」、遭遇或命運，並以共同受苦、共同負罪的方式，暗地裡表達對家庭的忠誠。這些是愛的表現，也是「盲目的愛」。盲目的愛，或稱「隱藏的忠誠」，讓我們不斷複製家族中過往問題的模式，被過去「糾纏」，以致無法愉悅地活在當下。

海寧格還觀察到家庭中的一些自然法則，無論我們是否意識到，這些法則仍然客觀影響了我們，他稱之為「愛的秩序」。「愛的秩序」有三大動力：整體性（連結）、平衡、次序。

家庭系統排列，是把家庭裡隱藏的緊張、衝突和重要關係的影響呈現出來。系統排列導師針對這些動力順勢而為，找到解決辦法。無論在形式、過程、效果各面向上，家庭系統排列都有令人出乎意料的表現。家庭系統排列的工作重點，是呈現這些問題背後「盲目的愛」；再打破潛意識中自動化的「糾纏」模式，轉化成「覺悟的愛」，以建設性的態度，創造屬於自己的人生。家族系統排列能以彷彿親眼見到、親身體會的模式，展現出生命的智慧；並透過找出問題的根源與解決之道，以更寬廣成熟的態度調整生活，在生命旅途中豁達地成長。

家庭系統排列通常以工作坊的方式進行。在一個團體中，系統排列治療師為了說明某位成員、探索其問題，可以邀請其他成員扮演該成員的家族，這就叫「做代表」。治療師通過觀察做代表的這些人在「排列場」裡的反應和移動，找出問題的根源和解決之道。代表們所扮演的家庭成員，通常是父親、母親或兄弟姊妹，有時也可以是金錢、疾病、工作等非人的角色。

工作坊成員的家族不需要出席，但他們可以同時看到自己和其他家庭的情況。不過，假使兄弟姊妹、伴侶或父母子女能一起參與，或許更是一次特別的經歷。

財富的心靈法則九

你生活周遭建立的不同系統當中，存在你與金錢溝通不良的問題。

系統排列方法背後蘊含著複雜的心理學原理。我在以下案例中僅僅記錄下簡單的過程，不再以心理學術語來做複雜的講解，重點放在分析個案與金錢之間的關係。各位若想深入了解海寧格的心理學理論及治療方法，不妨閱讀他的諸多作品。

金錢喜歡與父母關係良好的人

隨著個案經驗增多，我更清晰地領悟到，我們與父母的關係往往是一切關係的源頭。要理解我們在這個世界上與他人之間的關係，只要回頭看看自己與家人、尤其是父母的關係，就明白了。我在學習德國家庭治療大師海寧格發展出的家族系統排列治療方法之後，對此更有著深刻的體會。很多案例告訴我，金錢喜歡那些與父母關係良好的人。

海寧格直言不諱地說：「金錢有著一張母親的臉。」

家族系統排列方法的奇特之處在於，做代表的人事先並不需要知道自己所扮演角色的實際情況，只需要放空自己，憑著身體的直覺，就能感應到所代表角色的感覺或想法。成員擔任代表時，就像一根「天線」或某種「管道」，只要放空自己的思想，就能接收到不屬於自己的訊息，在這一刻，他就像完全成了另一個人。

這種系統排列方法，可以把我們平時隱藏在潛意識深層的關係模式，很直觀地表現出來，從而轉化為顯意識狀態（表面意識）。

例如你想探索自己與金錢的關係，治療師會找某人來代表金錢，再找某人代表你本人。只要觀察兩個代表站在場上面對面時的一些身體反應和互動，就可以看出你與金錢的關係。

當然，僅僅看到你與金錢的關係出了問題，還不足以說明什麼，關鍵是在系統排列過程中加入更多的角色代表，進一步探索你與金錢關係背後更深層問題的根源。

有一次，我在用系統排列方法進行團體諮詢時，一位女性成員表示想探索她與金錢的關係。

我找一個人代表那位女性成員，又找另一個人代表金錢。她的代表看著金錢卻不敢接近。過了一會兒，她轉過身，眼神望向很遠的地方；另一方面，金錢的代表則感覺身體往下沉，他走到牆邊，扶著牆慢慢靠在牆上，隨即癱坐下來，發出了粗重的喘息聲。

我問這位個案：「金錢代表的這些反應，是否讓你想到家族裡的哪個人呢？」她感受了一下對我說，金錢代表的反應很像她的母親。

後來我又找了兩個人代表她的父母親，她母親的代表的一些移動方式，跟之前金錢代表的移動確實很相似。

顯然，她跟金錢的關係，反映了她跟母親關係裡的許多糾結，並且影響了她在事業跟金錢的連結。

當然，在後來的排列裡，我們試著幫助她化解跟母親存在的一些糾結。她表達了對母親的尊重和理解之後，場上金錢的代表身上也相應地發生了某些改變；「金錢」變得更願意靠近她的代表，而她的代表也能微笑張開雙臂來擁抱「金錢」。

對「父母死亡」的恐懼導致不斷虧錢

一位叫小晴的女性曾參加我的系統排列工作坊，她說很想探索自己與金錢的關係。她連續幾年來做生意都不太順利，每次以為快賺到錢的時候，總會莫名其妙發生一些倒楣事虧錢。蹊蹺的是，她的兩位兄長做生意時也遇上跟她類似的情形。因此，借助家族系統排列來找出癥結，對她來說不失為一種值得一試的方法。

我了解到，她的父母親在她很小時就因病去世了。

於是，我為她設立了一組兩個人的排列：她自己和「父母的死亡」的代表。她看著「父母的死亡」，表現出明顯的反應：站立不穩和後退。在這位死亡的代表後面，我又加入了她父母親的代表。只見她的代表變得很猶豫，彷彿想靠近父母的方向，卻又後退了幾步。

過了一會兒，我加入了金錢的代表，剛開始她不怎麼敢看金錢。之後，金錢的代表跟著感覺移動到死亡的代表右方，而且靠得很近，然後就一直站在那裡。她眼看著金錢和死亡，一步也無法靠近。

我理解金錢為什麼會跟死亡站在一起。而她無法靠近金錢的原因，是她既想要靠近父母，又害怕到父母那裡；潛意識裡害怕重複父母的命運。她對父母的感覺轉移到了金錢上，最終讓她遠離了金錢。她看待金錢的態度，就像看待自己早逝的父母一樣。而金錢與雙親的死亡在無形中有所聯結，她又怎麼可能不受阻礙呢？

我建議她看著那位隔在她和父母中間的「父母的死亡」的代表說：「我尊重你的存在。」並讓她向「父母的死亡」表示臣服，做出深深鞠躬的動作。她做完動作之後，死亡的代表仍然一動不動地站在原處，默默看著她。但說來奇怪，金錢的代表竟然主動朝她所在的方向移動了一小步。然而，當她將注意力轉向金錢的代表時，金錢卻又停下來了。金錢的代表的回饋是：「當個案尊敬『父母的死亡』代表時，它才願意靠近她；而當她想直接來找我時，我反而不想靠近她了。」

小晴也領悟到了這一點。

我沒有再繼續進行，把排列停在了那裡。

這次排列過程中的移動反映出一些重要的訊息。那就是這位個案必須學會尊重並接受父母的死亡，才能克服內心恐懼，跟早逝的父母和金錢建立起好的連結。一旦她無視這一點，跟金錢的關係就會受到阻礙。

家族裡被排除的人也會造成財富障礙

章潔是一名行銷人員，她覺得自己對賺錢有些心理障礙。尤其是在簽單的時候，她不太敢跟客戶提到和錢相關的事情。在一次工作坊中，她提出想探索這個議題。

我列出了一個人代表金錢，讓她自己也站上來。她站在金錢代表的對面，卻不敢直視、面對，而是後退了幾步。

我把她的父親、母親分別排列出來。父親、母親的代表移動到金錢的代表身旁，想把金錢的代表拉向她身邊，但她仍顯得退縮和恐懼。

我了解到，她的母親在生下她之後懷過兩個雙胞胎弟弟，之後墮了胎。我排列出兩個人來代表這兩個雙胞胎弟弟，這時候金錢移動到了這兩人背後的位置。父母親看著雙胞胎的表情很沉重，但過了一會兒，他們還是自發地移動到兩個孩子身旁，並擁抱了他們。

這時個案看著他們擁抱，似乎放鬆了許多，不像開始時那麼緊張害怕了。

又過了一會兒，父親牽著兩個孩子來到個案身邊。

我建議她對雙胞胎弟弟的代表說：「現在我看到你們了，你們是我的弟弟，我是你們的姊姊。我的心裡有你們的位置，我知道你們在還沒出生時就離開了，我尊重你們的命運。你們為這個家承受了很多苦，也許有一天我會到你們那裡。但在我活著的時候，我會做更多好事來紀念你們，如果可以的話也請你們祝福我。」

當她說完這些話，兩個弟弟也點了點頭。

他們一家人自發地靠近彼此，相互擁抱，也擁抱了金錢的代表。金錢的代表說他感到很溫暖、很開心。

∴　∴　∴

小凱在一次探索事業與金錢主題的系統排列工作坊中，想要探索自己在工作賺錢上特別辛苦的問題。他說自己工作很賣力，但總覺得比起同事來，自己付出的努力很多，得到的回報卻不多，經濟狀況一直不甚理想。

我找了個人代表金錢，另外找了一個人代表他本人。

他的代表一直看著金錢，似乎很渴望它；金錢的代表看起來非常高興，伸出手似乎在歡迎他走過來。但他的代表卻不能移動，彷彿腳下被釘子釘住了一樣。過了一會兒，他的代表將眼睛看向地面，金錢的代表顯得有些失望，也轉身看向別的地方。

我問小凱說：「你感覺你的代表在看誰呢？」在系統排列的時候，代表看向地面，通常意味著地上有個已經離世的人。所以我這句話等於在問他：「你的原生家庭中有誰離世了？」

他說他想到了他的二爺爺，也就是他爺爺的親弟弟，解放前出去當了兵，後來一直杳無音訊，再也沒有跟家裡人聯繫過，家裡人也找不到他。

我找了個人躺在地上，代表他的二爺爺。小凱的代表對這人表現出很深的愛，而小凱本人也很受觸動。我讓他站起身來，帶他來到躺在地上的代表面前，把他本人的代表替換下來。

我讓他對著二爺爺把自己內心的愛表達出來：「你是我的二爺爺，我不知道你在哪裡、發生了什麼事，但我心裡始終記得你。」

這個時候，躺在地上的二爺爺的代表自發地回應：「謝謝你記得我，這是我的命運。」

小凱跪下來，握住二爺爺的手，說：「我尊重你的命運。我愛你。」二爺爺說：「請你好好活下去，祝福你。」然後，他閉上了眼睛。

過了一會兒，小凱站起身。當他再次面對金錢的代表時，終於能夠走近金錢的身邊，金錢的代表也很高興。

∴　∴　∴

胡薇和先生幾年前創辦了一家電子公司，一開始經營得還不錯，但近兩年業績下滑，很多應收帳款收不回來，背上了不少債務。公司幾乎每天都有來催帳的人，她感覺壓力遽增。一天，她來到我的系統排列工作坊，想探尋企業負債問題的解決之道。

我找了兩個人代表她和她先生，再找一個人代表她的企業。她看著先生，眼神中含有明顯的憤怒；先生則看向另一個方向，神情有些漠然。過了一會兒，她的代表把注意力轉向地面。

企業的代表在遠離他們兩個的位置上站著，她和先生都沒有把注意力真正放在企業上面。而且從排列上來看，他們作為伴侶的關係也並不好。

我又加入了金錢的代表，金錢的代表跟隨她的感覺移動，後退到離他們很遠。

我問她有沒有孩子，她開始說沒有，在我提醒後，她才說有過兩次墮胎及流產。

我找了兩個人坐在地板上代表這兩個沒能出世的孩子。奇怪的是，這時金錢的代表也跟著兩個孩子坐在了他們身邊。

這個排列顯示出，這些孩子對父母的伴侶關係及事業經營是有影響的。

前面的幾個案例都反映出家族系統中，因各種理由遭排除在外的成員，對家族其他成員的財富和命運有著無形的影響，這種影響被稱為「牽連」。

「出來混，遲早要還的！」

在前述的排列中，我們常常能發現金錢具有靈性的一面，它的代表就跟人一樣，反應和移動常如「靈魂」一般，對於公平正義也有敏銳的直覺。

表面看來，很多企業家會因令人難以置信的錯誤決定而損失大筆財富，但實質上是金錢的「靈魂」運作的結果。

所謂金錢的「靈魂」，心理學家海寧格認為，是指金錢常常與我們的心靈相呼應，而我們通常在靈魂深處就能感知到哪些東西該留下，或該失去。

在人與人構成的各個系統裡，無論是家庭或企業，系統的序位平衡法則都具有重要的意義。系統裡的序位法則經常隱藏起來，而作為集體潛意識的一部分，它會影響系統中的每一個人。

有一次我在外地授課，一位女士來找我做個案諮詢。她接手父親經營的一家餐廳，儘管付出很大的努力，也投入很多行宣傳資源，經營方式並不比其他餐館遜色，但生意仍不見起色。

在深入詢問其家族情況時，才發現了這家餐廳的一些幕後背景：原來她的父親早年混黑社會，同時也經營一些生意。他手下很多弟兄常在外面打打殺殺，給他帶來收益的同時也帶來不少麻煩。後來，他決定「退隱江湖」，變賣了手中的事業，遣散手下兄弟，只為女兒留下這家餐館。

聽到這些情況，我頓時理解了這位女士經營得如此辛苦的原因：儘管她滿腦子想的是要賺錢盈利，潛意識卻有著「要為父親贖罪」的念頭。她的餐館經營得不成功，是為了滿足更大的家族系統中某種潛在的平衡需要。通過失去金錢，暗地裡平衡父親由此得到的不當獲益。

我記得有本書中也記載了國外的一個類似案例：德國有一家很大的家族企業，在第一、二代人的手裡都經營得不錯；到第三代時，這家公司被分為三家子公司，分別由三個孫子所繼承。其中最小的孫子繼承的子公司不知何故，不管怎麼改進卻仍績效不彰，甚至影響了整個家族企業的營運。這個家族企業在瀕臨破產之際，向知名諮詢機構討教起死回生的策略。諮詢機構中有人熟悉系統排列的原理，他們通過了解該企業的歷史，發現了它更深層的背景。

原來，這間公司在此家族接管之前，是由一名猶太人所創辦並經營。第二次世界大戰期間，這名猶太老闆被迫帶全家逃離德國，他的公司則由家族的第一代以極低廉的價格從政府手裡收購。雖然一直努力經營，但到了第三代還是遇到了瓶頸。因為他們之所以能擁有這家企業，完全是建立在早年猶太人失去家產的基礎上，所以家族成員中總要有人受到猶太人命運的影響，無形中付出一定代價，來平衡系統中的得失。在系統排列中，第三家子公司代表的移動，反映出這間子公司重複著早年猶太人創辦者的悲劇命運。只要猶太人的位置和他的損失在企業系統中未獲應有的承認和尊重，後來的經營者們都會因此付出代價。

金錢的獲得和失去，有時會向我們表明其所在家族或企業系統是否失序；某個成員手裡得到金錢的同時，其他成員卻可能付出代價。究其原因，金錢的到來往往建立在損害他人的利益，或造成他人人生不公的基礎上。

系統的平衡法則有時還會表現在企業裡發生的重要事件，並可能使企業主的家族系統受到巨大影響；反過來也一樣，企業主家族系統發生的重要事件，也可能牽連企業主的事業系統，使其受到巨大影響。

借用電影《無間道》裡一位黑幫老大的話：「出來混，遲早都要還的。」當企業主通過不正當的途徑，例如壟斷、行賄、損害消費者利益等方式獲得大量利潤或巨額財富時，其家庭系統中經常會有其他成員無意識受到影響，並為此付出沉重的代價。而這個企業也會遲早受到牽連。

社會上流傳「富不過三代」的說法，很多家族企業甚至「富不過二代」、「富不過一代」，這些例子也讓我們對金錢的系統平衡法則，有了更多深入的思考。

幫富豪大亨們上一堂金錢課

有一天，一位證券公司人力資源部經理打電話給我，表示對我做的跟金錢溝通的案例，以及向金錢傳達訊息的課程很感興趣。他認為這些經驗，尤其是那些與投資期貨和股票有關的案例，對於證券業的投資者會有幫助，所以想邀請我給投資實戰訓練營的學員們講一堂課。

這些學員住在一個簡陋的招待所裡已經好幾天了，除了跟講師們學習投資的技巧，還被要求像軍人一樣服從「組織紀律」，同時進行戶外訓練。

他們每天早起早睡，實行軍事化管理，用餐時還排隊吃大鍋飯。學員中都是有著千萬身家的人，還有很多億萬級富豪。

我和他們分享我的個案經驗，以及與金錢溝通後得到的訊息。我告訴他們，我是如何幫助個案清理其內心對於金錢的恐懼；為什麼金錢既是物質、也是能量；為什麼金錢有情感；而為什麼金錢是一面鏡子，它又是如何反映我們跟世界上其他人的關係等等。富豪們個個都聽得入神，反響之強烈出乎我的意料，提問也非常踴躍。

我在他們面前演示了系統排列方法，教他們如何做代表扮演角色，並通過代表的反應來觀察每個人跟金錢的關係，他們也都興致勃勃地參與其中。

我看到了一些與金錢關係良好的學員們的排列，與以往那些與金錢關係不佳的個案排列完全不同。

與金錢關係良好者的排列中，金錢的代表常常跟當事人的代表在移動中表現得非常願意靠近彼此，能夠面對面注視、微笑，並擁抱對方。即便金錢的代表有幾次沒有直接看著對方，也往往靠得很近，不會離太遠。這都在某種程度上反映了與金錢關係良好的人，內心的確與眾不同。

潛意識影響金錢關係

系統排列讓我看到了與金錢關係良好者內心的景象，也看到了與金錢關係有阻礙者內心的景象。

系統排列也就此成為我跟潛意識溝通的另一種方法。

這種方法直指我們潛意識更深的層面——集體潛意識。它能直觀呈現我們關係中的糾結處，讓我們看清楚自己內心深層的恐懼和障礙。

有時我碰到一些人，他們由於早年經歷的創傷或恐懼過於強烈，導致內心產生衝突、充滿阻礙。因此，一般常見以回溯事件為主的心靈溝通法，就無法順利幫助他們。

一方面是因為他們已經發展出無意識的對抗、即習慣性的逃避模式或防禦機制，並表現出過於理性的思考，試圖抽離自身感受；從另一方面來說，這也是潛意識的自我保護，以免讓自己再次感受到曾受過的傷害。

換句話說，他們太習慣於封閉自己的內心，以致遮蓋了自己的一部分的感知能力。因為無法面對太多的感受，他們也難以透過回溯過往事件來釋放恐懼、清理障礙，更不易放鬆自己來融入金錢、理解金錢的想法。

因此，系統排列成為表達他們看清自身恐懼最合適的管道。

我們的潛意識無所不在。

這說明了，我們不一定需要對抗當事人內心強大的防禦機制，更不需要非得以催眼下達暗示，才能進行溝通。潛意識能清晰地反映當下所發生的每一件事，反映當下你眼中、耳中、身體所碰觸的，甚至鼻子聞到的、舌頭嚐到的一切事物。一如自然界的風和水。

潛意識反映在我們的所思所想上，反映在我們感受到的情緒上，還反映在我們的一言一行上。當然，它同時反映在我們身體中每一個細胞結構上。已有國外研究證實，我們身體中的細胞是有記憶的。

潛意識還反映在與我們有關係的他人身上，例如孩子、伴侶、父母及家族裡的每個成員。

這就是海寧格所說的「靈魂」的實質，它幫助我們聯結家族，也聯結萬物。海寧格把系統排列工作稱為「靈魂的移動」，他在《心靈活泉》一書中提到：「靈魂不單是身體的延伸，更延伸到家庭內，聯結我們的家族和親人。正如靈魂與身體在一定界限內達成一致，靈魂也在一定界限內與家庭達成一致，並引導著家庭。」

思索他的話語，我領悟到，金錢與人類情感是有所聯結的，也是人類這更大整體的靈魂的一部分。

金錢為生命服務，本身是有靈性的！

在古老的宗教文化中，金錢常被視為靈性對立面的存在，也被許多宗教排除在靈性範圍之外。原因或許在於金錢總被看作一種世俗的物質，而宗教則高踞人類精神價值層面的最頂端。

有一次，我聽到一位知名佛教法師公開宣稱「金錢是不好的東西」，說「錢」字的結構是「金」字加兩個「戈」字，因此自古以來就是一種「殺人利器」。言下之意即是：要不是因為錢，人類歷史上就不會有那麼多的動盪和戰爭。

這不但是對古代漢字的一種誤讀，也在某種程度上反映了人類對金錢的成見。在不同的文化圈裡，存在著對金錢的諸多排斥與矛盾心理。我碰過很多學佛的朋友，他們對金錢也抱著諸多限制性信念。結果就是既無法充實喜悅地享受世間生活，又難

財富的
心靈法則十

金錢為生命服務，它是我們靈魂的一部分。

以完全放下對金錢、財富的執著而覺悟。反而陷入拿不起也放不下、害怕擁有金錢的「匱乏的靈性」的狀態。

相較之下，海寧格對金錢卻有另一番洞見，他既不貶低金錢，也不會把金錢與靈性視為對立的兩端。他認為金錢既然為生命服務，它本身就具有靈性。這一點我深有所感。

海寧格早年曾做過數十年的神父，他認為西方的宗教對金錢也存在普遍的誤讀。例如基督教有一個奇怪的觀點：窮人受到祝福。有些基督徒們甚至認為，當他們窮困時才得以取悅上帝。然而海寧格認為，窮人只有在變得富有時，上帝才會感到高興。窮人之所以窮困，即是因為他們蔑視金錢的神聖。當金錢以服務生命的用途被花費時，它就是來自上帝的服務，並奉獻給了上帝。

在海寧格眼中，金錢也是一種「精神物質」。我理解他的這句話，即金錢作為「精神物質」有別於被視為純粹物質體的概念。這意味著在物質背後，金錢承載著某些特定的信念。

海寧格曾在一次系統排列工作坊，為一位企業家做個案諮商。個案的企業員工流動率一直很高，在排列中也顯示當事人的代表並未認真看著他的企業，也不看金錢，而是把頭抬得高高的，看著天花板，似乎在尋找什麼。

海寧格問他：你在找什麼呢？但他似乎也不知道。

海寧格又問他：你平時是不是喜歡追求靈性的生活？他說是的。

原來，這位個案熱中於追求「開悟」，四處尋找修行的方法，因此忽略了企業的營運，也虧待了一些員工。在他的企業裡，金錢就如他的母親般一直在幫助他，他卻把金錢排除在他所追求的靈性之外。

海寧格在個案結束後，幽默地對他說：「你知道嗎？金錢本身就有靈性，它一直在為生命服務。現在你開悟了嗎？」

⊡ 重點整理

療癒你與金錢關係的溝通筆記

- 金錢是一種關係；而我們與父母的關係是一切關係的源頭。
- 你生活中存在各式各樣的系統，其中「失落的一角」，很可能就是你在金錢上的失落。
- 透過系統排列方法，看清自身恐懼找出你跟金錢關係的障礙。

第六章

向內心
尋找答案

外境即內心

原來，我們的內心世界和外顯的環境、所遭遇的事情，並不是絕對分割的兩個世界，它們並非毫無關聯。

記得曾有位女士從外地來找我做個案，我們的第一次溝通剛進行幾分鐘，樓上就突然傳來一陣陣裝潢的巨大噪音——十分尖銳刺耳的電鑽打孔聲，還有錘子使勁敲打牆面的聲響，以至於談話難以專注地繼續下去，我們只好停了下來。

當時我隱隱感覺到，眼前這位女士的內心存在許多的恐懼和罣礙，此刻完全體現在周遭環境、外顯於我們身邊的雜訊裡。

恐懼和擔心的事情太多，就會演變成溝通過程中任何可能的實質障礙。

所幸我敏感且及時覺察到這一點，沒有因此結束這次的溝通。但我也沒有要求樓上停工，反而順應環境給我的「提示」，讓諮詢有了更清晰的方向。

我對她說：「干擾這麼嚴重，但它只不過反映出我們內心通往解決問題的道路上、所存在的必然阻礙。我們不妨把這些敲敲打打的聲音看成是一個善意的提醒，那就是一個好的訊息。」

她很有悟性，也默認了這一點。

鑒於她對我的信任，我很直接地問了她一個問題：「從小到大，是否有妳覺得自己不應該做、卻還是做了的事？無論想到什麼都可以說。」

於是，這位女士不顧樓上繼續傳來的敲打聲，對我訴說起來。她似乎已經憋在心裡很久了，她把從小到大一直罣礙在心裡、卻不敢告訴別人的事，向我娓娓道來。

即便有很多事讓她感到羞恥、甚至是罪惡感，她還是勇敢地說了出來。我並不評論她的對錯，而是在心裡讚賞她直面自己內心的勇氣。

說來奇怪，大約一個小時後，當她快結束談話時，樓上裝修敲打的聲音也正好停了下來。

她說：「我懺悔自己過去所做的一切，而說出來之後，我感覺舒服多了。」

我告訴她：「看來樓上傳來的干擾聲，其實也是妳當下內心的投射。一方面，這似乎反映出妳內心想表達什麼，但有很多阻礙；另一方面，這又似乎是一種提醒，催促妳要直面自己內心的障礙，帶著一點敲打妳的意味。我們今天應該感謝這些聲音，而不是為此煩惱。」

她點頭表示同意，還說她來到我這裡之後，認為我「很有加持力」。

我笑了笑說：「其實是妳加持了妳自己。」

我讚賞她敢於直面自己內心的勇氣。當一個人擁有敞開心靈的勇氣時，還有什麼是比這更大的「加持」呢？

我也從這次的溝通經驗中領悟到：外境即內心。當下所發生的一切，都是我們內心最真實的反映。

對我們的潛意識而言，不存在意外或偶然，也沒有絕對的外在客觀因素。

聆聽靈魂深處的聲音

現代人對所在空間的風水、景觀和環境投入了愈來愈多心力，從裝潢到添置物品的花費也非常大。可是很少人知道，我們周遭的一切，其實都只是我們潛意識的呈現。

許多的個案溝通經驗都告訴我，再也沒有比我們的內在意識更重要的「風水」了。

有一次，一位女士來找我溝通。她表示最近一直失眠，困擾她的除了跟先生的感情問題，她居住的社區也好像要在跟她作對。不遠的建築工地幾乎每晚都在施工，不斷傳來水泥攪拌機刺耳的轟鳴聲，還有切割機切割石塊的聲響，每每到深夜才安靜下來。這些都讓她難以入睡。

她深受困擾卻投訴無門，但讓她感到奇怪的是，鄰居們似乎並不受這些噪音影響。

我聽完發生在她身上的事之後，憑著經驗和直覺回應她：「我認為妳內心罣礙的事情太多了，因此它們以這樣的方式表現在妳身上。依我的經驗來看，外在的境況無非是我們內心的投射。妳是不是很怨恨這些聲音啊？」

她說是。我建議她：「妳不僅不要怨恨這些聲音，還要感謝才對。」

聽到我這麼說，她顯得很迷惑，思考許久才說：「你是說其他人的內心不像我有這麼多的罣礙，因此就算聽到這些聲音還是睡得著；而我之所以睡不著，是因為內心有很大的障礙嗎？」

我說：「是啊。妳愈是怨恨這些聲音，對抗意識就愈強烈，反而讓妳更睡不著。妳不妨嘗試接受這些聲音，把它們看成是對自己的敲打和提醒，甚至感謝它們。事實也可能就是如此，這些聲音正在敲打妳，反映妳內心此刻等待清理的障礙。我相信妳在溝通並清理了罣礙之後，就算吵人的聲音還在，也一定能睡得很好。」

她聽我這麼說之後，露出了半信半疑的神情。我建議她下次聽到水泥攪拌機發出聲響時，不妨想像它正在搬運自己內心的各種障礙，而心中的所有罣礙正一點一點地離開自己。

幾次溝通之後，她很高興地回饋我，她大致改善了睡眠狀況。

我還記得，曾有人在網上問我：「我每天晚上都做夢，能不能治癒呢？」

我反問她：「做夢有什麼問題呢？」

「白天會很累，時間久了記憶力好像也出了問題。」她又問：「我該怎樣治療呢？」

我說：「跟妳的心靈溝通吧。我並不清楚妳為什麼會白天會很累。」

她問：「溝通多久才能找到答案？」

我：「自己靈魂能知道的事，為什麼總是問別人呢？」

她說：「靈魂知道，但我不知道啊。」

我：「那我也不知道啊。我只能幫助妳和妳的『靈魂溝通』。」

這段對話看似奇怪，卻足以向各位解答什麼是心靈的溝通。

人們對自己靈魂深處的聲音常常聽而不聞、視而不見，反而一味地盲目改造外在空間的風水，結果總是事倍功半。原因就在於我們將「風水」視為一種逃避內心恐懼的方法。其實，恐懼一直都在那裡，不會憑空消失，而是幻化成不同面貌的事物呈現在我們周圍。

在醫療上，人類也存在類似的現象：不去洞察疾病症狀背後的訊息，也從未嘗試傾聽身體的聲音，反而濫用各種醫藥手段去干預身體，結果也總是事倍功半。其根本原因也是我們把醫療手段和藥物，當成了某種逃避直面內心恐懼的方式。一旦內心缺少觀照，各種現代化醫學手段就成為對抗疾病的武器，人們的身心疾病問題也更加難解。

傳統的「風水」學被現代人扭曲成一種迷信。然而風水並不神祕，我們潛意識裡的態度和想法才是真正的風水，明白了這一點才能真正懂風水。

大多數情況下，我們根本不用花費高昂的代價去改造「風水」、或改造別人，只要觀照內心的恐懼，並學習導正它就好。這絕對不是什麼玄妙的大道理。

潛意識裡的各種想法和情感模式，都主導著我們的人生際遇。正因如此，我們更需要突破內心的限制。

財富的
心靈法則十一

直面內心的恐懼，改造你內心的「風水」。

改變想法即改變命運

人們內在的恐懼，往往以限制性信念的形式存在。信念其實只是潛意識裡的一個個想法而已，我們都活在自己的想法中。很多人會覺得自己無法改變，這就是活在既有的固化模式中。所謂固化模式，不過是一連串固化的想法罷了，而這些想法也就是人們通常稱作「命」的本質。傳統的東方社會比世界上任何國家或地區都更重視「命」這件事；而很多人對於「命」，通常會感受到一種深深的無力感、無助感和無價值感。

這樣看來，「命」並非「天注定」；改變自己的「命」也並非不可能。關鍵在於人們是否擁有敢於質疑自己固化想法（限制性信念）的勇氣。

難以覺察固化已久的想法或信念——即所謂的「命」，時間一長又強化了「命」形塑我們生活的作用，導致我們更相信「命」是命定且無法改變。這往往才是人們的命運難以扭轉、改變的根本原因。

因此，當我們覺得一切都無法改變時，「命」就真的成了「命格」，如同一個個格子般，把我們的潛力和能量框在其中。

再深入探索，會發現無法改變的「命」的背後，往往是一些無形的恐懼和擔憂。例如：

- 恐懼失去
- 恐懼死亡
- 恐懼分離
- 恐懼貧窮
- 恐懼付出
- 恐懼年老
- 恐懼愛
- 恐懼受傷
- 恐懼失敗

- 恐懼被批評、數落
- 恐懼孤獨
- 恐懼與人打交道
- 恐懼上臺講話
- 恐懼被拒絕
- 恐懼失業
- 恐懼負面消息
- 恐懼接受
- 恐懼意外
- 恐懼承擔

你也有這些恐懼或擔憂嗎？當人們心裡感到恐懼時，最大的恐懼還是缺乏面對這些恐懼的勇氣。

我們與金錢之間存在的問題，也能讓人不經意看清自己內心的恐懼。事實上，這些恐懼內心是更深層的限制性信念。

一個人內在的限制性信念，會如何影響其財富及命運呢？

舉個簡單的例子來說，當一個人凡事都想著「這太貴」，或是要「節省點」的時候，他會創造出怎樣的生活呢？他不太會投入能量，來創造自己真正想要的。即便他懂得吸引力法則，也會正確觀想目標，他吸引來的卻都是跟他一樣類型的人事物。例如他是個生意人，他身旁多半是那些愛討價還價、和他一樣都想「節省點」的客人。

坦白說，我也曾經是有這類想法的人。有一段時間，我發現自己在工作中常會遇到一些抱怨諮詢費用很貴的客戶，甚至還有人在電話裡與我討價還價。對此我感到尷尬，也很無奈。

後來，我開始反省自己，並跟自己的潛意識溝通：為什麼我的身上會發生這些事情呢？

慢慢地我意識到，我的潛意識裡有著「對錢計較」的態度。而這個態度從我小時候就有了。

潛意識給了我進一步的訊息：這些態度來自我的父母，他們在過去長時間的匱乏生活中養成了這種態度，後來又灌輸給下一代。長期以來，幾乎成了我們家的「家風」。

抱持這樣的限制性信念，任憑我怎麼努力設定、追求新態度，運作吸引力法則，也免不了「穿著新鞋走舊路」，還是走回了舊有的思維。

我發現，限制性信念就像把人關進了一個小籠子，就算籠子裡的人想欣賞自然的美景，或不斷嘗試創造、觀想新的畫面，也還是有相應的局限。

當我覺察到這一點時，我決定不再活在這些舊思維中，也更深入探索了內心裡的所有限制性信念。之後，我改變了愛討價還價的習慣；再後來，連客戶也不太和我計較諮商費了。

再說說一類現象。如果一個人有了「我不值得擁有金錢」的想法，他的能量也通常是潰散的。他會容易感到無力或認為自己毫無價值，甚至讓財物「意外」流失，例如花錢買很多便宜無用的東西，或暴露財物成為小偷的目標等等。

有一位女性的個案，她創辦了一家美髮店，最怕的是開店虧損。正是這樣的想法會「創造」現實，她來找我諮詢時已經虧損了兩百多萬。

我引導她回溯並體驗那些曾經發生、並讓她困擾許久的一些可怕事件，又引導她與虧損的那筆錢（兩百多萬）溝通。

她感覺到，在光裡面的那筆錢似乎在「告訴」她：「其實，我們並不是真的離開妳，只是在外面『玩』而已。我們一直在外面幫助妳創造更大的利潤，也在等待妳學會釋放自己的恐懼。妳唯一需要的就是放鬆和信任。」

隨後，我引導她與她的美髮店溝通，讓她「融入」她的店鋪，店鋪也彷彿在「告訴」她：「這家店的位置更適合做餐飲，而不是美髮店。因為經過這裡的顧客，大部分都是來這棟樓的大賣場購物。」

通過這次溝通，她內心的恐懼有所釋懷，更重要的是，她理解到金錢其實是有機會再回來的。

意料不到的是，她在溝通之後，憑著直覺做出了一個重要的決定：不一定要轉讓現在的美髮店，她可以轉變經營思路，例如把店經營成樣板店形式，發展連鎖加盟。因為她不僅在剪髮設備上擁有專利技術，同時也具有非常豐富的連鎖企業管理經驗。轉換經營思路後，她將在收取加盟費用上獲得更多收益。

看來，那筆錢的「話」是真的，那兩百萬並沒有真的虧損掉，它們只是「在外面玩」，並且盡可能地創造出更大的利潤回流。

所謂「失去」，難道不也是一種限制性信念嗎？

我們在現實生活中，還有多少根深柢固、習以為常的想法或現象本身，其實也不過是扎根於我們內心固執的限制性信念呢？

我發現，人們轉換了內心的限制性信念後，就和「塞翁失馬」的故事一樣，福禍、好壞也只在一念之間罷了。

勇於直面內心黑暗面，替心靈開光

無法直面自己內心的恐懼與罣礙，一味求助於算命、風水或不斷改名字的人，大多情況下除了一時的逃避與安慰，還剩下些什麼呢？

心外求法，獲得風水的改變真的可靠嗎？而這些人又看到自己內心的「風水」（思想的風生水起）了嗎？

那些一有問題便求助於算命卜卦的人，是否曾想過內觀自省，從自己的心靈出發，面對自身思想的侷限，從而超越原本命運的格局呢？

很多人執著於水晶、礦石、開光物帶給自己能量，甚至加持、轉運並保佑自己升官發財，這難道不也是在逃避面對自己的內心嗎？是這些外求的東西在加持我們，還是我們一直在加持它們呢？

事實上，我們的內心具有加持一切的力量。但假如我們的內心沒有「開光」、不具任何力量，縱然配戴或裝飾在身邊的東西開過光，它們又能加持我們多久呢？

隱藏起自身的恐懼，哪怕是藏在神像背後，就真的不用再害怕面對它們了嗎？這是否有點像掩耳盜鈴呢？

反過來說，如果我們能勇於直面內心的陰暗面，釋懷那些讓我們一度深感恐懼或罪咎的事，我們是否就等同給自己的心靈開了光，從心靈的源頭轉變「風水」，從而真正改造自己的命運？

世上每一個人都希望好運日日降臨，看來現在似乎是個好運稀缺的年代。但是，好運會從哪裡來呢？

中國有句古話：運用之妙，存乎一心。「好運」只能來自我們的心靈，而非外物。

運氣、運氣，借用一切外物，作用到你的心靈，你身上的運氣（能量）才能真正運作起來。既然如此，何不就從改變自己的心靈開始，進而改變自己的命運呢？

理解了這一點，我們又該如何讓自己的運氣好起來呢？各種各樣的改運法門無法真正解決問題，唯一的辦法是讓自己的心靈得到成長和滋養。學習、了解心靈的智慧，也就是懂得如何提升心靈、改善心境、轉化意識。

好運就是好的心情或心態。只有給自己的心靈開光，好運才會隨時隨地跟著自己，這難道還不夠簡單嗎？

心通萬物，心能轉物，不被萬物所囿，方能運轉萬物，萬物亦為我所用，命運自然能隨之改變。

心隨物轉，容易隨波逐流，運氣也會受到各種外物牽制。今日改了運，明日又恢復如初，何其難哉！

從打掃領悟的人生哲學

反過來說，如果我們善用心靈的力量，外在的所謂「風水」和萬物的能量就可以為我們所用了。

心能轉物。我們的心靈本身就具有轉化萬物能量狀態的能力，但前提是要讓我們

財富的心靈法則十一

擺脫限制性信念，金錢會再回來。

的心靈感到自由、放鬆。因此，我們要停止對自然和外物的過多貪求，也不要執著或依賴外物的改變或加持；而是透過一些簡單的舉動，便足以影響萬物隨我而變，從而與周圍環境、萬物「風水」和諧共存。總之一句話，境隨心轉。

世界上偉大的人總是會追隨自己的內心去影響他人和世界，而非單純仰賴外在的力量就企圖改變一切。他們並不是完全沒有恐懼，而是在生命歷練的過程中，以某種方式戰勝了內心的恐懼和匱乏。

當一個人戰勝了內心的恐懼，內在的力量自然會足夠強大，影響力也會更大。偉大，有時並不見得要體現在你從事多有名望的職業、或具有多大的人氣；有時，一些看似再平凡也不過的工作者，也都閃耀著自己的光輝。我從朋友聽來的琳達的故事，就是一個很好的例子。

琳達在南非長大，現居德國。她的職業是清潔工，擁有二十餘年清潔工作經驗的她出版了一本關於清潔的書。她有一個清潔工團隊，經常受邀到世界各地執行業務並舉辦工作坊。

在我看來她真的很偉大，她的偉大在於重新定義了清潔。在她眼中，清潔不是一件微不足道的小事：「清潔不是清潔過去，而是為未來創造新的空間」。

琳達開始做清潔工，是因為要賺錢送兩個孩子上華德福學校。有一天，輪到她負責幼稚園裡女兒班級的清潔。她第一次走進幼稚園孩子們使用的廁所，第一次看見那小小的馬桶，就被深深打動了。琳達的個子很高，於是跪在地上做清潔。此時她彷彿看到了女兒和其他孩子在使用馬桶的情景。突然間，她感受到一股來自清潔過程的愛，並真正理解了清潔工作的意義。

做了一段時間之後，她面臨到清潔工的身分認同危機。社會大眾對清潔工通常比較冷漠，有些人甚至擦身而過也對她彷彿視而不見。她覺得如果自己要做下去，一定要愛上這份清潔工作，因此一直在思考怎樣才能產生對清潔工作的熱情。她回憶起小時候與家人住在一起的時光，那時，她不需要做家務，家裡有保姆。後來，爺爺去世了，媽媽叫她和妹妹每天為奶奶鋪床，陪伴並安慰奶奶。琳達記得媽媽教他們怎樣疊毯子，還要把枕頭拿到陽光下輕輕拍打，這意味著把悲傷和眼淚拍走。把枕頭放回原處時，要對它說幾句祈禱詞，這樣，奶奶躺下時就會很舒服。她當時做這些事的時候，心裡產生一種神聖的感覺。

當她再次體會當年那份專注和摯愛時，她領悟到，清潔一個空間，就是對房間裡居住的人的關心和體貼。對人來說，乾淨整潔的房間會產生很不一樣的效果，而敏感的人都能感覺到；她還發現，對於一些有特殊需要的人來說，清潔尤其重要，因為他們對周圍環境的感受比正常人更加敏感。從此，清潔便成為她對他人表達關心的一種重要方式。

有一次，琳達去一個康復村做清潔。她在一個房間見到了狂躁的病人彼得，他需要兩名工作人員全天候陪伴。他們告訴琳達，彼得已經有兩個晚上沒睡了。琳達站在房間裡仔細打量，很快感覺到有一股很強的「阻力」。之後她發現床底下積了一層厚厚的灰塵，一種很奇怪的、毛茸茸的灰塵，而且好像還在移動。她澈底打掃了整個房間，還跪在地上仔細清潔床下。琳達說，當你走進一個房間準備打掃時，首先你應該站在門口觀察這個空間，並和它交流，判斷哪裡最需要清潔。隨著清潔工作接近尾聲，她感到房間的「阻力」也逐漸衰減。她才打掃完畢還沒離開，突然間聽到一聲大吼。只見彼得向房間奔跑過來，邊跑還邊脫衣服和鞋子，一衝入房間就栽進床上，立刻倒頭大睡。他一動不動，連續睡了二十二個小時。當房間被打掃乾淨變得舒適後，這位狂躁病人竟然從屋外就感覺到了。

還有一次，琳達花了六小時清潔一間廁所，直到「阻力」消失。當一位行為問題嚴重的患者用了乾淨的廁所之後，行為問題獲得很大的改善。更誇張的是，在康復村舉辦培訓期間，琳達只有時間清潔廁所裡的兩個隔間，但所有患者寧願在這兩個乾淨廁所前排得長長的等候，也沒人願意用琳達沒打掃過的廁所。

琳達從在醫院打掃的過程中，得到了一個關於灰塵的寶貴經驗；在她之前，從未有人如此認真研究過房間裡灰塵的奧妙。她第一天仔細打掃房間之後，第二天再去看時，地板和桌面又會布滿灰塵，好像前一天沒打掃過似的。她覺得很奇怪，仔細觀察後發現，原來灰塵來自房間裡的病人，他們會製造大量的灰塵。她用心觀察灰塵，發現每個房間裡的灰塵量差異很大，而罹患相同疾病的患者製造的灰塵量幾乎一樣。一旦某天房間裡的灰塵量突然增加了，通常預示著房間裡的病人當天會過世。琳達還發現，瀕臨死亡的人所製造的灰塵量最多。有一次，琳達打掃一位女性患者的房間，她發現病人製造的灰塵非常特別。三個月後，這名患者被診斷出了嚴重的疾病。看來在症狀出現前，灰塵也顯示了人的健康狀況。

大多數人的衛生觀念很馬虎：他們擦桌子時會漏掉側邊，打掃地板時很少確認角落的髒汙。任何沒有完成的事都會對後果造成影響；因懶惰而未能做完的事會阻礙你，而你將承受它的後果，直到你真正做完。

房間裡放置的物品，常常反映出我們內心未完成的事及其影響。琳達在一次演講後，被一位女士邀請清潔她的房間。女士說她的房間糟透了，不知該怎麼打掃。琳達走進她房間，看見桌上放了一大堆物品，而且堆得很高，有些還掉在地板上。琳達感覺到有某種東西受阻礙了，便問她這堆物品下是什麼。這位女士忽然哭了起來，表示幾週前母親去世，她和姊妹之間發生了嚴重的遺產糾紛。在這堆物品下，壓著一封關於遺產糾紛的信件。她沒有勇氣面對。琳達把信拿出來，請她看過後立刻回答信中所提出的問題。這位女士經過長時間的反覆掙扎，終於回答了信中的問題。琳達隨即請她把信寄出。只見她回來時，面容煥然一新，未完成的事情完成了。

琳達有一位朋友，朋友的兒子雙眼因故失明。母親花了一天的時間把兒子的房間打掃乾淨，兒子從學校回家，一進房間就有不一樣的感覺，他說：「房間好高啊！」

或許當孩子生病時，母親首先應該為孩子做的就是整理出乾淨舒適的床鋪。

在琳達看來，做好清潔意味著把心思集中在要做的事情上，而不是邊做邊聽音樂、或胡思亂想。人們做任何事情時，心思通常會游離在所做的事情上，以至於打開抽屜再關上時沒關好，或關門時發出很大的聲響，用完物品後不歸位……工作時其實也一樣，人們需要把自己的意識集中正在做的事情上。

在工作時，人們還需要學會尊重、照顧自己已經擁有的每一樣東西，而無需去貪求新的東西。每個人都需要和我們所擁有的物品建立起真正的關係。

我認為，琳達是這世界上少有的、在真正意義上懂「風水」的人。在某種程度上，我的工作和琳達所做的事很相似，我打從內心裡尊敬她，甚至覺得與她心靈相通。

果農木村的奇蹟蘋果教我們的一堂課

還有一次，我偶然從另一位朋友那裡聽到一位日本果農的故事。

這位日本果農名叫木村秋則，他堅持了二十年的種植蘋果經驗，被一位作家寫成了《這一生，至少當一次傻瓜》這本書。書中講的不只是農業技術，更多的是人生。

這位平凡的果農，由於妻子對農藥過敏，又偶然接觸了一本有關自然農法的書，於是下定決心不用化肥和農藥來種蘋果樹。但現代農業對農藥已經有了依賴性，蘋果尤其如此，所有的蘋果品種都是近代引入農藥後人工培育的結果，一旦停止使用農藥，對蘋果樹而言幾乎就是滅頂之災。

木村的蘋果樹一開始也不例外，從他嘗試試驗，到他在果園裡只看到七朵蘋果花、採摘到兩顆蘋果，最終足足耗費十年時間。這十年裡他窮困潦倒，多次感到堅持不下去了，唯一的稻田也被拿去抵債，不得不多次到城市打工賺錢。那時，他的女兒在作文上寫道：「我的爸爸是果農，但我從來沒有吃過家裡種的蘋果。」也是女兒在他想放棄時給他打氣：「爸爸，一定要堅持下去，否則我們不就白窮了嗎？」

二十年後，木村的蘋果成了全世界最神奇的水果。據說他的蘋果切成兩半，放在空氣中可以兩年不腐爛，只是枯萎飄香，最後成為水果乾，連專家都覺得不可思議。東京的法國餐廳主廚則說，用木村蘋果做的料理，訂位早已排到一年之後了。由於他的蘋果實在太好吃了，風靡了全日本，日本人對木村蘋果的評價是：「一生能吃到一次就好。」

木村嘗試不用農藥和化肥、不除草的方式來種植蘋果樹，在現代社會裡似乎是不切實際的傻想法。但這種「傻」，在我看來其實隱含了真正的智慧。而唯有懂得用心生活之道的人，才能堅持下來。

這個故事對我最大的啟發，還在於木村懂得跟他種的蘋果樹溝通；懂得跟自然包括土地、蘋果地裡的蟲子溝通。據說，他經常把蘋果當作自己的孩子跟蘋果樹「交流」。木村說：「我靠種蘋果生活。而我之所以這麼窮困，是因為我讓蘋果痛苦了，是我在折磨這些蘋果。」因此，他時常輕撫著果樹向它們道歉：「讓你們這麼辛苦，我真的很抱歉。就算不開花也沒關係、不結果實也無所謂，但請千萬不要死去。」蘋果樹長不出蘋果，他總覺得是自己的錯。在那十年裡，他不知道向蘋果樹道了多少次歉。當然，有時他也會鼓勵這些蘋果樹：「實在太了不起了，我知道你們很努力。」

在蘋果樹開花的第一年，木村帶著燒酒到果園裡，澆了一些在地上，就這樣跟蘋果樹對飲起來。

經歷多年努力終於成功之後，很多人都讚揚他，他卻自嘲：「可能是因為我太笨，連蘋果樹也受不了我，只好結出蘋果了。」

萬物各有生命，蘋果樹如此，栽種蘋果樹的土壤也是如此。

木村說：「蘋果是主角，我只是幫助它生長。畢竟人再怎麼努力，也無法靠自己開出一朵蘋果花。」

木村的蘋果園與普通蘋果園最大的不同在於，生命力的不同。在普通的果園，一棵蘋果樹的根系通常生長到兩、三米左右，而木村的蘋果樹可以長到二十米。輕輕扒開蘋果園的浮土，就可以看到果樹的根鬚。也許是根深的緣故，蘋果與枝葉之間的聯結也更有力。有一次遭遇颱風，別人家的蘋果全被吹落了，而木村的果園裡仍有百分之八十的蘋果仍牢牢地掛在枝頭，可見其生命力之旺盛。

在一開始蘋果樹不開花的日子裡，木村曾帶全家一起捉蟲。果園裡蟲子無窮無盡，每天能捉成百上千條，但蟲子的數量仍絲毫不見減少。直到有一天，木村突然明白了一個道理：蘋果樹跟人一樣，自己也想活下去啊！蟲子到處都有，只有讓蘋果樹自己變堅強了，才能真正抵禦害蟲。如今，木村的果園是一個豐富的昆蟲世界，各種微生物、蚯蚓、螞蟥、蝴蝶應有盡有。

木村是果樹種植領域大師，也是深諳自然之道的生活大師。他在果園裡任憑植物生長，到了秋天會割草，降低土壤的溫度，「這是在告訴蘋果，秋天要來了。」果園在不結果的時候，更像是一座植物園，各類植物都長得很茂盛。

木村特別種植了黃豆。因為黃豆能改善土壤中氮肥的含量，地面下的微生物種類也會變得豐富起來。木村種植黃豆的念頭來自一個偶然的發現。據說他在最困難的時候，決定爬到山上尋死。到了山頂之後，卻意外發現一棵茂盛的榛樹上結滿了果實。明明山上也有害蟲，為什麼榛樹能長這麼好？木村觀察後發現，原來是因為土壤不一樣，而且泥土的鬆軟度、溫度乃至氣味都不同。他豁然開朗，明白了土壤才是種植蘋果的重點。蘋果樹應當與大自然融為一體，但愚蠢的人類卻用農藥將樹與自然隔絕開來。「沒有任何生命是孤立的」，木村說。蘋果樹不能，人也不能。因此通過不斷研究與實驗，他在果園中種植了大量的黃豆，從而改善蘋果樹和土壤中微生物的生存環境。

木村還會跟果園裡的蟲子們溝通。今天，我們若去木村的蘋果園，會看到一個木牌上寫著：「警告蟲子！如果你們繼續在此肆虐，我將使用烈性農藥！」你相信蟲子能看得懂這句警告嗎？我覺得能。蘋果樹看得懂，蟲子也看得懂。

如今不用肥料，木村果園的土壤仍保持充足的肥力。無需使用殺蟲劑，結出來的蘋果卻出奇地有抵抗力。

有多少人會堅持十年等待七朵蘋果花的盛開？我們該如何向木村大師學習生活之道？

所謂「這一生，至少當一次傻瓜」，正是用心專注做一件事的寫照。

種蘋果，在我們有些人看來或許不過是個技術活。投入情感，有必要嗎？在最初的四、五年間，蘋果樹情況最糟糕的時候，有些樹已經開始搖晃，甚至一推就倒。於是木村幾乎每天都會逐一撫摸這八百多棵蘋果樹，與它們說話。有人取笑他、有人說他瘋了，木村充耳不聞，心裡對蘋果樹滿懷愧疚。當他撫摸蘋果樹並對它們說話時，明明沒有風，他卻能感覺到小樹枝在微微地搖晃，似乎是蘋果樹在對他說，「我知道了，我知道了」。後來，人們發現了一個有趣的現象：被木村懇求好好活下去的蘋果樹當中，很大一部分都存活了下來；而他沒說過話的那些樹，最後全部枯萎了。

為什麼木村能成為專家呢？木村的回答是：心和技術的結合，才是真正的專業。

心是什麼？只要稍微比較木村的蘋果與普通蘋果的不同，我們就知道，木村那些帶有情感的蘋果，也是富含生命的蘋果；它們凝聚了種植者的「靈魂」，不僅具有蘋果的生命，也具有木村的生命。

從工作中體會神聖

從琳達、木村這兩位生活大師身上，我漸漸明白了如何跟宇宙萬物溝通、如何專心做事。這足以讓我們在任何領域都能有所成就。

琳達認為，我們投身於工作所獲得的智慧，會提升我們生命的品質，也會影響、改善我們的身體及財務狀況。

在某種程度上來說，跟我們的工作溝通，也就是跟金錢背後的能量溝通。這世上的每樣事物，包括金錢在內，都擁有不可忽視的神聖的一面。

從匱乏到豐盛，只在於用心，即做好我們手裡的每一份簡單的工作。為此，我們也要學會把快樂帶到工作裡，並從工作中體會其神聖。

有一次，我看到一名在商場當收銀員的女孩一邊工作、一邊哼著流行歌。那一刻，我感到她就是世界上最富有的人。我當時也感到愉快極了，隨即寫下一首小詩來讚美她：

收銀的小女孩，
快樂地哼著流行歌兒。
全身心地投入啊，
每一個動作都透著神聖，
這就是生活的能量

我常想，社會裡為什麼有那麼多人不懂得如何讓自己開心呢？就像金錢不過只是財富的一種形態，財富是否也只是快樂的一種形態？

那些有錢卻不快樂的人，充其量僅僅懂得金錢價值的一部分。如果一個人懂得如何讓自己或周圍的人開心，他就有了最容易成功的特質，也是最吸引金錢的特質。

紀伯倫寫過一首詩歌，叫作「工作即愛的顯現」，我體會到，他確實道出了從工作中獲得滿足與快樂的所有奧祕：

我們工作，
以求得跟上天地及其靈魂的腳步，
因為無所事事會使你成為歲月的陌生人，
並與豪邁驕傲的永恆生命之旅脫軌。

你工作時，就是一支笛管，
時間的低語通過你的心化作美妙的音樂。
當大家齊聲歌唱時，
你們當中有誰願做一根實心蘆葦，
唯獨自己沉寂無聲呢？
總有人對你說，
工作是一種詛咒，
勞動是一種不幸。

但我告訴你，

你的工作乃是

實現天地最深邃夢想的一部分，

在那夢想誕生之初，

這部分就已分派給你。

工作不息，便是真正地熱愛生命，

經由勞動而表現對生命的熱愛，

就意味著通曉了生命的至深奧祕。

然而，

如果痛苦中的你把「生」當作磨難，

把「活」當成寫在額頭上的詛咒，

那麼我只能回答，

唯有你額頭上的汗滴才能將它洗去。
總有人對你說，生命是黑暗的，
你們在厭倦之中，
重複著厭倦之語。

我說，生命確實黑暗，除非有了驅策，
所有的驅策都盲目，除非有了知識，
所有的知識都無用，除非有了工作，
所有的工作都枉然，除非有了愛，
只有當你懷著愛工作，
你才能把自己與自己、與他人、與神相連。

懷著愛工作意味著什麼？

是用從你心裡抽出的絲線來編織衣裳，
彷彿你的至愛就要穿上那件衣裳；
是用慈愛建造一幢房子，
彷彿你的至愛就要居住其中；
是用柔情播種，用歡樂收穫，
彷彿你的至愛就要品嚐這果實；
是在所有你塑造的事物之中，
注入你靈魂的氣息，
並知道所有被祝福的逝者，
都在你周圍守望。

我常聽你夢語呢喃地說：
雕刻大理石，

並在石中找到自己靈魂形象的人，
比耕田的農夫高尚。
而捕捉彩虹，
並用它在布帛上繪出人像的人，
勝過做鞋給我們的人。

但是我說，這不是在睡夢中，
而是在正午無比清醒的時分，
風對高大的橡樹說話的聲音，
不會比對最卑微的草葉更甜美。
而只有那用愛，
將風聲化作甜美歌曲的人，
才是真正偉大的。

工作即愛的顯現。

假如你不能懷著愛工作，
而只覺厭煩，
那你不如放棄工作，
坐在廟堂門邊，
接受那些樂於工作的人們的施捨吧。

因為，
假如你心不在焉地烤麵包，
你烘出的苦麵包就只能讓人半飽；
假如你勉為其難地榨葡萄，
你的憤懣就在葡萄酒中滴入了毒液；
假如你宛若天使般地唱歌，

卻並不熱愛歌唱，
你便堵住了人們聆聽晝夜之聲的雙耳。

◎重點整理

療癒你與金錢關係的溝通筆記

- 我們真正要改造的是內心的「風水」，也就是恐懼。
- 心中的恐懼與罣礙，讓我們難以開展財富與命運。
- 恐懼來自限制性信念，直面它、擺脫它，好運就會來到。
- 跟萬物溝通，就是跟金錢背後的能量溝通。
- 懂得用心交流的重要，你也可以種出屬於你的神奇蘋果樹。
- 讓自己與他人開心，即是最吸引金錢的特質。

第七章

破解
潛意識之謎

在與很多個案溝通之後，我常對金錢進一步思考和探索：人的這一生，到底是什麼在影響命運呢？

起初人們發現是我們的潛意識。潛意識是什麼呢？狹義一點來說，潛意識是我們平時沒有意識到的心理活動，或許也可以把它叫作無意識、下意識。這是西方心理學的解釋。佛洛伊德認為，愈是人們沒有意識到的心理活動，對我們日常表現出來的行為愈能起到關鍵性決定作用。

後來，更多西方心理學家把潛意識比喻為海上冰山在海平面以下的部分，占據了一個人全部意識的九〇%以上；而我們表現於外的意識及行為則被喻為冰山一角。這就是著名的「冰山理論」。

就像圖7－1，人們由表面意識（顯意識）決定的行為只是冰山一角，大部分行為深受海平面以下那一大塊象徵潛意識的冰山所驅動或影響。

相較之下，東方人是否也研究過潛意識呢？我認為有的，而且別有獨特之處，甚至更博大精深。

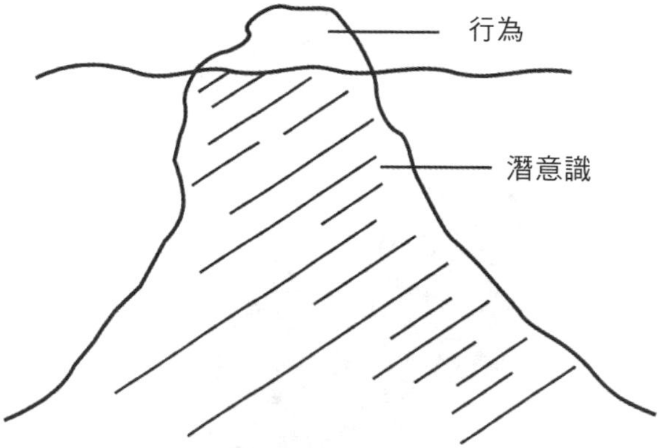

圖7-1　冰山理論

早在十多年前，中國傳統的太極思想及大乘佛教的唯識思想，深深啟發了我對潛意識的重新思考。

太極思想其實源於古老的《易經》。《易經》云：「一陰一陽之謂道。」如圖7－2所示，陰陽既互相對立，又互相依賴且互相轉化。從這一點來說，太極思想認為潛意識並非單向決定人表面所發生的一切行為和現象，表面所發生的一切行為和現象也同時影響著潛意識。

「一陰一陽之謂道」，在整體的「道」裡面，「陰」是看不見的部分，「陽」是看得見的部分；「陰」是隱而不

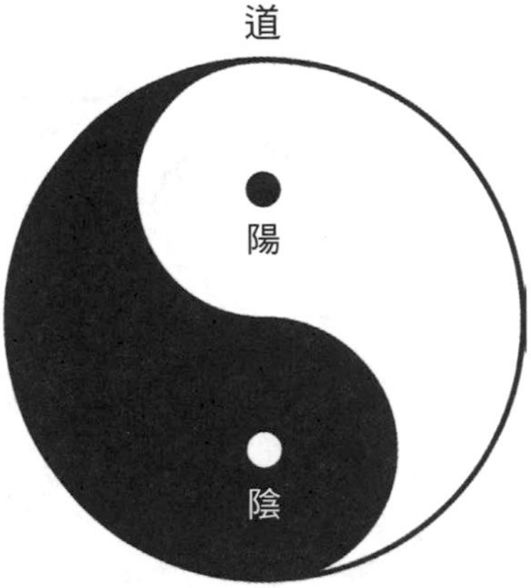

圖7-2　一陰一陽之謂道

現的部分，「陽」則是顯現於外的部分；「陰」意指無形的部分，而「陽」為有形的部分。

所以，如果「陰」指的是潛意識，那麼「陽」就代表我們的表面意識。在陰陽互相轉化的太極思維中，認為人的命運並非完全是注定（或被決定）的。

這樣的思考方式讓我在人類身心上的理解，從一開始就與很多擁有單純西方心理學背景和經驗的治療師有所不同。

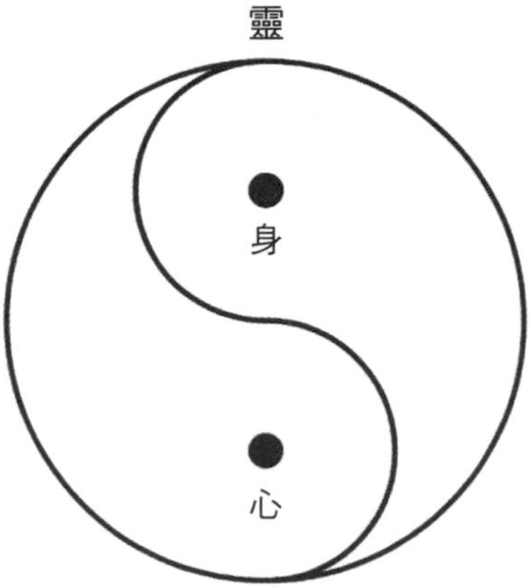

圖7-3　身、心、靈是一個整體

身、心、靈是一個整體

心靈其實是身體的延伸，它跟我們表象的身體並非是截然分割、互不干涉的兩部分，而是會相互轉化。也就是說，從觀察者主體所延伸出更大的意識範圍來看，身、心、靈這三者即是一個整體。

什麼是身、心、靈？如圖7－3，身、心、靈三個字乍看之下似乎很好理解，但細究起來又容易混淆。我發現，在心理治療實踐中充斥著很多概念誤區。這正如我們在日常生活中，許多以為早知道的事，實際上並未真正了解。

身即身體。但這個身體並不等同於肉體，還包含了我們所能意識到的外界的人、事、物。我們常將「身」視為個人的肉體，那是因為我們在意識上的局限；而在東方聖賢們眼中，「身」是超越個人的。

心也是如此。心又稱心識，但並不等同於我們每一個個體的心識（潛意識），它不僅是指個體的心識（想法、情緒、感覺等），也包含了我們的內在集體心識。另一方面，心也包含了可見和不可見的（陽和陰）兩部分。俗話說：「心有多大，世界就有多大。」我們對身心的定義也跟主體觀察者的意識範圍有關。

靈又是什麼呢？外在的、可見的、有形的身體是陽，內在的、不可見的、無形的心識是陰，「一陰一陽之謂道」，因此身心合一的整體意識稱為「靈」。也有宗教家或神祕學家把「靈」稱為「道」、「大我」、「真如」、「法身」。

當然，區隔陰與陽仍來自人類觀察者的意識。在道中，這兩者是一個整體，它們同時存在，並行不悖，沒有絕對的分別與對立。這就是佛家所說的「不二法則」；也就是說，整體既不是一，也不是二，而是「不二」。

陰與陽相互轉化、相輔相成、相生相剋。如圖7－3中的「S」所寓含的相生相剋：相生，即相互促進、相互轉化；相剋，相對而存在，有陽必有陰，有陰必有陽。

身體與心識（外在與內在）的關係，正如陰陽互相轉化、互相依存的關係。身體是可見的心識，心識是不可見的身體。

身體偏重於物質性（色）的一面，心識則偏重於精神性（受、想、行、識）的一面，但這兩者又構成了不二的整體。

身體是心識的延伸，也可以說心識是身體的延伸，兩者本沒有絕對的分界線。當內在的心被我們「看到」（意識到、覺察到）時，它就轉化為外在的「身」了；而外在的「身」未被充分「看到」（意識到、覺察到）時，它就是內在的心。

這也是佛家為什麼將身、心、靈統稱為報身、化身、法身的緣故，意味著這三者皆為身體的不同顯現；這也是為什麼道家把身、心、靈統稱為陽神、陰神（識神）、元神的緣故，意味著這三者即是精神意識的不同顯現。

名相雖然不同，內涵卻大體相通。

西方學者眼裡的潛意識，對應的正是東方人眼裡「身、心、靈」三者中的「心」。它涵蓋個人意識、集體意識，如果再進一步劃分，個人意識、集體意識又可各自分為陰陽相對的兩部分。個人意識分陰陽，即西方心理學所謂的表意識、潛意識；集體意識則是所謂集體表意識、集體潛意識。

西方學者在探索人類內在心識不同的部分時，誕生了不同的心理治療流派：

- 探索內在情緒與外在行為之間的關係時，有了情緒療法。
- 探索內在信念、認知與外在行為的關係時，有了認知療法。
- 探索內在的溝通模式、劇本時，有了交流分析學派。
- 探索內在的家庭結構、溝通模式對個人的影響時，有了家庭治療。
- 探索內在的團體動力對個人的影響時，有了團體動力學。
- 探索內在「未完成事件」的影響時，有了完形治療。

西方心理學有數百種流派，每一個流派針對內在心識的某個部分展開分析性研究，都有其成效，但同時又有其局限性，這是不可避免的。當心識被劃分為一個又一個不同的區塊，所謂「仁者見仁，智者見智」，也如盲人摸象，每個研究者都將受限於自己的觀察角度。因此長久以來，當代西方心理學逐漸演變為日益複雜的各種門派理論。

其實，大道至簡。對東方聖哲而言，他們從整體來掌握心識，了解身、心、靈三者間的關係，所以不會受到局限而感到複雜難解。

決定富裕或貧窮，來自於我們在潛意識播下的種子

在心靈探索的領域中，我還受到了佛教唯識學的啟發。唯識學是一門探索與剖析人類心靈結構的學科。

唯識學回答了什麼是潛意識，它如何創造外在發生的一切因緣果的現象；也回答

了到底是什麼決定了我們的潛意識。

唯識學把我們的潛意識比喻為一塊巨大的田地，即「識田」，一切好或壞現象的發生都是田裡長出的「果實」。決定田裡果實會長成什麼模樣的，則是我們所種下的種子。

我們給潛意識裡種下了怎樣的種子，到頭來就會出現怎樣的果實。正所謂「種瓜得瓜，種豆得豆」。這非常形象地說明了世上的因果或業力法則。

唯識學在學理上又把潛意識畫分為八識，分別是：

- 眼識（指人的眼睛與外界的「色」產生接觸）
- 耳識（指人的耳朵與外界的「聲」產生接觸）
- 鼻識（指人的鼻與外界的「香」產生接觸）
- 舌識（指人的舌與外界的「味」產生接觸）
- 身識（指人的身體與外界的「觸」產生聯結）

- 意識（指人的思想、分析、判斷，意根與思想的「法」產生作用）
- 末那識（也叫我執，指人的執著心，產生主客體或是我你他之間的分別）
- 阿賴耶識（也叫藏識、一切種識，是以上七種所有分別意識的總集，有產生潛藏或現行的作用，所以可以說它就相當於東方人眼中的潛意識）

這「八識」說明了我們如何給潛意識種下各類種子。也就是說，潛意識，不管你叫它磁場也好、場域也好、風水也罷，正是它決定了我們的命運。而進一步來說，決定我們潛意識的，即取決於我們種下的種子。

我們現在收穫的是貧窮還是富裕，都是由我們過去種下的種子所決定的。如果我們當下種下的是富裕的種子，遲早某一天會結出豐盛的果實。

種入潛意識的種子，不僅與我們看到的、聽到的、鼻子聞到的、舌頭嚐到的、身體觸碰到的外界事物有關，更重要的在於我們對這些事物所做出的區隔與判斷（例如好壞、對錯、善惡、美醜、高低、上下等）。此外，我們對自己所做出的區隔與判

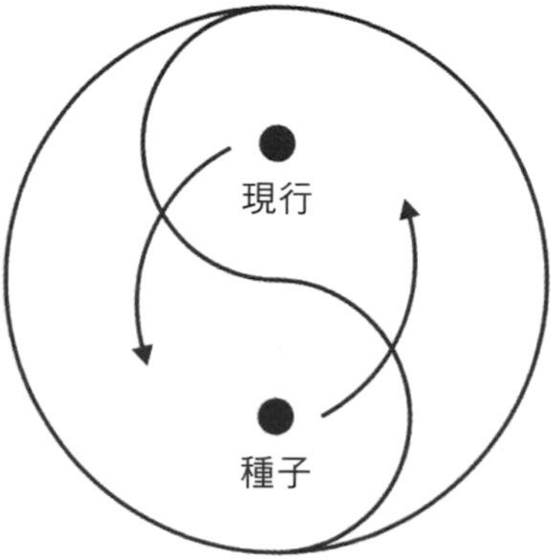

圖7-4　種子與現行

斷，又產生了執著的取捨態度。

外在的感受到內在的思考，一起在潛意識的田地裡萌芽，有一天就會創造出我們生活中所遇到的各種狀況，即唯識學所說的「種子起現行」。在這些狀況和外界環境的作用下，我們的潛意識會再次受到影響，我們的習慣模式也會更根深柢固，即唯識學所謂的「現行熏種子」。「種子起現行，現行熏種子」就像圖7－4的迴圈，人們的一切行為模式都日趨習慣化，如同自動作業程式一般變得無意識化。

唯識學與西方心理學的不同之處，也是獨到之處，在於它既分析了心識的結構，例如「八識」，也具有整體觀的視角，例如「種子」和「現行」之間的關係。

人要改變自己的命運，就必須先看清楚自己過去在潛意識所種下的各類種子。這個過程就是佛教的修行觀，即「轉識成智」。

你想改變自己的命運嗎？那麼你要先學習如何轉化自己的心。每天看什麼、聽什麼、聞什麼、吃什麼、接觸什麼，都要試著改變，並轉化思想，最終就能改變我們對小我的執著態度。

了解業力種子，種下更多財富種子

那些決定我們財富命運的種子，又是什麼呢？

我們所見、所聞、所嚐、所觸的外境，都影響了我們能否擁有財富的種子。此外，更重要的是思想的種子，以及我執的種子。

有時候我們也稱這些事是財富背後的業力種子，因果法則也被稱之為業力法則。

財富的心靈法則十二

我們是富裕或貧窮，都來自於我們在潛意識播下的種子。

麥克・羅區格西是《當和尚遇到鑽石》系列作者，他也同時是一名成功的鑽石商人，以及佛家弟子。

他在大學畢業後前往印度潛心鑽研佛法，成為歷史上第一位獲得格西（佛學博士）學位的美國人。

一九八一年，他回到美國，和朋友一起貸款成立了安鼎國際鑽石公司。十七年後，公司年營業額超過了兩億美元。他把自己的商業成功經驗寫成了《當和尚遇到鑽石》一書，甫上市就大獲好評，並先後翻譯成二十五種語言。

有人問麥克，做生意是否違背佛法或修行戒律，他的回答是：賺錢也是修行的一部分。他的觀點是，錢本身沒有錯，擁有較多資源的人能多行善事。所以問題的關鍵是，人們用什麼方法賺錢，如何讓它源源不斷，以及對錢應有的心態。

他在書裡和許多演講中，反覆強調種下財富種子的重要性。一個人要是沒錢，最好多去布施，因為布施的人會在潛意識裡種下財富的種子。

沒有伴侶的人想找到好伴侶，首先要種下伴侶的種子。方法很簡單，就是多去陪伴孤獨的人，例如獨居老人，並真誠地關懷他們。

如果你沒有錢，或人際及伴侶關係很差，很可能就是你之前的「壞種子」發芽的結果。因為你永遠不會看見自己內心沒有的東西。

要如何在日常生活中多播下「好種子」呢？麥克認為：

- 想要事業飛黃騰達、財源廣進，你必須保持慷慨大度的心態。
- 想要家庭和睦幸福，天天擁有好心情，你必須遵循倫理道德的生活。
- 想要身體健康，當上主管，你必須樂於助人。
- 想要專心一致，你必須堅持冥想。
- 想要心想事成，你必須了解空性的意義，多發善心。

麥克後來又和其他人合著了《當和尚遇到鑽石2：善用業力法則，創造富足人生》一書。他在書中指出，業力就是我們做的所有事情，是我們一切所言、所思，甚至是為他人做的一切。我們時時刻刻都透過與他人的互動，把業的種子種在意識的土壤裡。

沒有他人就沒辦法種任何種子，而沒有種子就沒有成功。所以我們在事業中需要他人，他人在某種意義上來說就是財富的土壤。

他還舉例，如果你想成功經營一家企業，就需要四種「業」的夥伴：同事、顧客、供應商、世界；對於每一位業的夥伴，若能先讓他們獲得成功，你的事業就一定也會成功。所以，為了擁有財富和成功，我們需要善待世界上每一位業的夥伴，服務這些人，能讓我們種下更多財富種子。

這與我們之前所談到「我們與他人的關係都是潛意識的一部分」，也有相近之處。

與靈性「大我」溝通

在與潛意識溝通之外，是否還其他更有效的方法呢？這就不能不提到與靈性「大

財富的
心靈法則十三

善待每一位業的夥伴，
他們是我們財富的土壤。

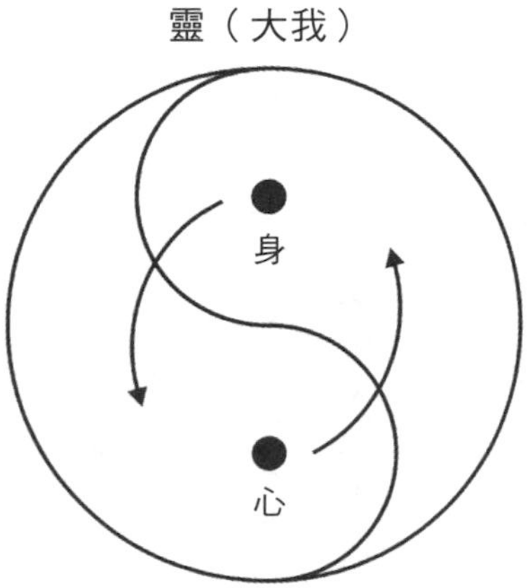

圖7-5　身、心、靈（「大我」）

我」的溝通了。首先，要再來談談身、心、靈的關係。

在圖7－5表現的身、心、靈三者的關係中，「靈」並非單指個人的身心，卻又常常包含個人的身心在內；它經由無數的人、事、物，包括個體的生命（身心），來顯現其作用。

也可以說，「靈」既非一切具體萬象，又存在於一切具體萬象。我們前面也說過，它在不同的傳統或宗教裡可能有不同的說法。有的稱之為「道」，有的稱靈性「大我」、「真我」，還有的稱作「真如」、「法身」，甚至被擬人化或神格化後稱為「真主」、「上帝」或「神性」。

了解身、心、靈之後，我們知道，世界上一切現象都不過是在身、心、靈的範疇內所發生。因此，我們的溝通也可以在身、心、靈的不同層面下來進行。

「身」指的是物質的肉體，屬於可見的範圍。有人把物質界的一切稱為「第三次元」空間；「心」是意念體、精神體，屬於「第四次元」空間；「靈」則是整體，為「第五次元」空間。

在「身」的層次所進行的溝通，常常是顯而易見的，也是一般人最常見的層次。例如人們見面會微笑、擁抱、握手、提問、回應，都是在一個有形、可見的層次進行的溝通交流。

在「心」的層次進行的溝通則未必顯而易見，多半是內心中隱而不見的層次。例如你想到某個人、某件事物時，內心會浮現出一些影像、情緒或想法，繼而有了相應的受、想、行、識，這就是在無形的層次上發生的溝通交流。儘管看起來無形，可是通過觀想、語言的溝通，仍存在固定的交流對象。

現今絕大部分心理諮商和治療，都是在身與心這兩個層次中進行。我們常提到在「靈」的層次溝通，又是怎麼一回事呢？儘管它每天都在發生，但人們通常難以覺察。因為靈包含身、心兩層面，而且不限於個人。與「靈」溝通，意味著我們與靈性「大我」溝通，與道同行。

有時候，我們把個人的身心歸納為「小我」；與「靈」溝通則意味著了悟一切萬物都是在內在發生，沒有獨立於個體的「我」、乃至「我們」之外的事物。深刻體察物我一體的境界，即是活在「大我」層次，活在當下「道」的層次。

覺察並在這一層次進行的溝通，要求我們明心見性，超越「小我」，放下對「小我」的執著，達到更高的層次。這在傳統宗教領域一直被視為悟道者的境界。

究其緣由，能夠達到明心見性的人，古往今來可謂鳳毛麟角。世上絕大多數人都為個人而活、為個人的利益奔忙，缺乏造福眾生的大慈悲心，因此無法從個人主義、乃至受局限的習慣與往來中跳脫出來。如此一來，自然不容易與靈溝通、與道相應。

奇怪的是，與靈性「大我」溝通，常常是以最簡單的方式進行的，這種簡單常常超乎我們的想像。往往最簡單的四句話：「對不起」、「請原諒我」、「謝謝你」、「我愛你」，就足以包含一切；一句「阿彌陀佛」，甚至僅僅一個單純的心念也足以包含一切。

與靈性「大我」溝通，無論用什麼方法，只有能放下「小我」，融入「大我」，都必然簡單至極，根本不需要什麼特別的技巧。

用簡單的四句話清理內在

在與靈性「大我」溝通、創造財富的過程中，或當人們問及如何改變人生命運時，我常會提到修・藍博士。《零極限》這本書記載了這名夏威夷的精神科醫生如何運用與「大我」溝通的方法，來治療精神疾病患者的真實故事。

在書中，與靈性「大我」溝通的方法也稱為夏威夷療法，即「荷歐波諾波諾大我意識法」，這是一種夏威夷的古老方法。修・藍博士運用這個方法治好多達數千名病人。他不需要和病人面對面接觸，而是清理自己的內心，達到讓病人痊癒的效果。

據說這名醫生只需要病人很少的資料，例如姓名、出生日期、地址和病歷等。他所做的主要是觀想，每天三分鐘，觀想自己和病人一體，看病人的病歷就當作看自己的病歷，用使自己內心平和的方法，讓病人恢復健康。

有一名婦女罹患三十多年的哮喘病，一直很苦惱，一見到修・藍博士就開始抱怨。在婦女抱怨的過程中，修・藍博士一句話也沒說，只是不斷清理自己的內在。最後，這名婦女突然意識到自己不再哮喘了，她高興地對修・藍博士表達感謝，修・藍博士卻說，「我沒有治療妳的哮喘病，我只是清除我內在對哮喘病的記憶而已，效果只有一天。」

如果需要更長時間的效果，當然也需要持續地清理內在。

修・藍博士第一次學這個方法時，內心其實抱著懷疑的態度，聽了三個小時就一走了之，不學了；第二次，他又報名繳費，仍覺得老師講得太簡單，就再次走人。

之後，修・藍博士又三度報名，因為他的女兒得了一種醫師也治不好的皮膚病。

沒想到，這名老師在不使用任何藥物的情況下，讓他女兒的病好轉。修・藍博士才意識到，原來，負起百分百的責任，就能治療任何疾病。於是他開始追隨這位老師學習。

這位老師就是莫兒娜・納拉瑪庫・西蒙那——「荷歐波諾波諾大我意識法」的創始人和第一位導師。修・藍博士見到她的時候，她桌上的牌子上寫著：「平靜從我開始。」

修・藍博士跟隨莫兒娜努力學習了一年多，就已經能治療三十多名病人了。而在此前，他即使花好幾年甚至長達十年時間，都未必擁有這樣的能力。

更神奇的事發生在他任職於夏威夷州立醫院期間。那是個直屬於夏威夷州衛生署的精神疾病治療機構。在修・藍博士以全職心理學家的身分前往服務之前，那裡所有的隔離病房住滿了重症病人，這些病人甚至犯有謀殺、強暴、吸毒、暴力攻擊、強盜等罪行。病人攻擊病友或工作人員的暴力事件也時常發生，每天都有幾個病人被套上手銬和腳鐐。病人不能輕易離開這個受高度戒護的地方，也幾乎沒有病人家屬來探望，院區內也從未舉行康復性活動。

三年後，修．藍博士離開時，院內的隔離病房已經不再使用；手銬和腳鐐也都束諸高閣；暴力行為大幅下降，通常只發生在新來的病人身上；病人能照顧自己，甚至進行戶外休閒或工作，而且不用獲得心理醫師的許可；病人的家屬也願意來探訪了；病人從入院到離開的時間，由數年縮短到數月。

據說，後來這所醫院因舊病人都出院且無新病人入住，最後就關閉了。

修．藍博士到底在醫院裡做了些什麼？他沒有為病人進行任何治療或諮商，也從來沒參加任何與病人有關的工作會議；他僅僅運用「荷歐波諾波諾大我意識法」進行內心的懺悔、原諒和轉化。具體說來更簡單，就是重複說「對不起」、「請原諒我」、「謝謝你」和「我愛你」這四句真言。他不是針對某個人說這四句話，而是向宇宙共同的「神性」、「大我」說的。重複說這四句話，是為了清理那些共有的負面記憶能量，並讓別人不必再承受這些能量。

全新的潛意識轉化之道

我還記得讀完《零極限》後不久，就碰到了一件不可思議的事。

有一天，一位女士在網路上向我諮詢她該如何找到她走失的貓。我那時從事心靈溝通工作約莫兩年，想到這位女士身在異地，唯一能用的便是《零極限》中修・藍博士的方法。

於是我告訴她：「妳不妨問自己一句話，『我的內心發生了什麼，才讓我心愛的貓走失了呢？』」

她問：「然後呢？」

我說：「然後妳對自己的『大我』說：『對不起』、『請原諒我』、『謝謝你』、『我愛你』這四句話。」

她再問：「然後呢？」

我說：「沒有『然後』了，這麼做就好。」

之後我就忙別的事去了，她也沒再繼續問下去。過了兩天，我接到了這位女士的電話，原來她想特地告訴我，她已經找到心愛的貓了，要向我致謝，並希望能預約我的心靈溝通個案服務。我自己也對這件事感到不可思議。我所告訴她與「大我」溝通的方法，是因為當時實在想不到其他更好的方法，沒想到真的發揮功效。

後來，她來找我做個案，告訴了我事情經過：那天她聽完我給的建議之後，就照我說的做了。接著，她心裡突然生起一股愧疚感，因為這幾天心情不好，對貓咪疏於照顧。就在她湧起愧疚的感受後不久，就聽到了貓的叫聲。我猜這隻貓或許感應到了主人內心的想法，就跑回家了。

自此之後，我開始更加關注並運用與「大我」溝通的方法。我慢慢發現，修・藍博士運用的「大我」系統療法不僅簡單有效，同時與東方佛道哲學理念也完全相通、相應。它既古老，又嶄新，它是潛意識轉化之道。

既然心愛的貓會感應到我們內心的想法，心愛的錢又怎麼不會呢？因此，有時碰到某些問題或阻礙，我就會在心裡默念這四句話：「對不起」、「請原諒我」、

「謝謝你」、「我愛你」。工作上遇到瓶頸了，我也會觀想我要服務的對象，心裡默唸：「對不起」、「請原諒我」、「謝謝你」、「我愛你」。有時候，我還會將金融卡和紙幣拿出來，心裡默唸：「對不起」、「請原諒我」、「謝謝你」、「我愛你」。

我做這些事的時候並不抱任何期待，而往往這麼做之後不久，就會得到靈感，告訴我下一步該怎麼走。

修・藍博士說：「你可以用兩種方式過活：記憶或是靈感。記憶是舊程式的重複運轉，靈感則是神性給你的啟迪。你要的是靈感，而聆聽神性的啟迪，以及接收靈感的唯一方法，就是清除所有的記憶。因此，你唯一要做的就是不斷清理所有舊的記憶。」

所謂記憶或舊程式，其實就是我們潛意識的想法。然而與「大我」溝通，則是直接跟「大我」本源聯結，因而繞開了潛意識的阻礙。

它清理舊的，也創造新的（圖7－6）。

在我看來，與「大我」溝通的方法主要有幾個特點：

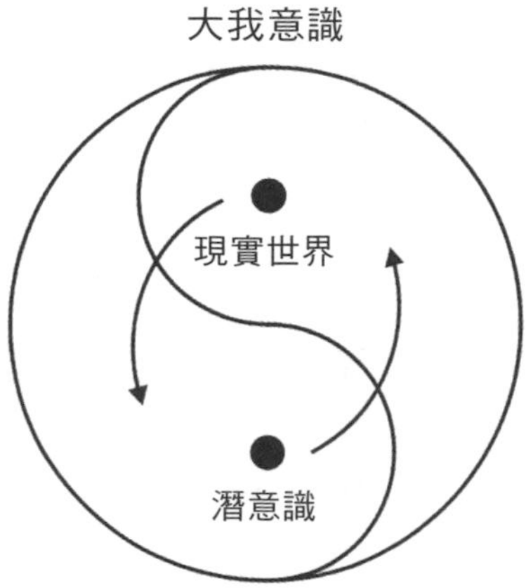

圖7-6　「大我」意識圖

- 治療的對象：可以是任何現象（人、事、物）。因為一切外在發生的，都是我們內在的一部分，我們要百分百承擔自己的責任。
- 治療的方法：對「大我」（神性）反覆唸誦四句真言：「對不起」、「請原諒我」、「謝謝你」、「我愛你」，來清理導致我們產生各種問題的內在記憶程式。唸誦的方式、時間、地點不限。
- 治療的重點：不抱任何期望，因為期望來自「小我」（記憶）。

● 治療的結果：平和。平和是靈感——創造你想要的一切（健康、財富、靈魂、伴侶）——的基礎。

「大我」系統療法幫助我們在「大我」的層次（「道」的層次）生活、工作，透過簡單的方式獲得富足、健康和平和。

◎ 重點整理

療癒你與金錢關係的溝通筆記

◆ 理解到潛意識和所表現出的行為及表面現象的互生互滅。

◆ 在我們身上發生的好事或壞事，都來自於潛意識結出的果實。

◆ 我們在潛意識種下的種子，都來自於我們的過去。

◆ 賺錢也是一種修行。請在潛意識裡種下財富的種子（好種子）。

◆ 讓夥伴成功，你才會成功。因為別人就是你財富的土壤。

第八章

財富的心靈法則

物質的本質是什麼？

跟金錢溝通有了一定的經驗之後，我開始深入思考一些關於金錢的哲學問題。金錢是一種物質的話，那物質又是什麼呢？物質的本質是什麼呢？物質是怎麼產生的呢？物質跟精神之間又是怎樣的關係呢？

如果人們真的理解了這些最本質的問題，不就能輕而易舉地創造財富，並將金錢顯化在現實生活裡了嗎？

現代量子物理學有一個最偉大的發現，那就是「物質就是能量」，這也是愛因斯坦對人類做的最大貢獻之一。他向我們揭示了著名的質能方程式$E=mc^2$，這同時說明了物質只是能量的一種形式。通俗一點地說，這世界上萬事萬物都是由能量形成的，不管是石頭、木頭、桌椅，甚至包括你我的身體。

牛頓時代以來的傳統物理學家們都想找出物質的本質，對此已經研究了三百多年。但他們探索得愈深，就愈感到迷惑。如果他們能活到今天，想必也無法相信物質之中竟然什麼都沒有。

物質的本質並非物質，而是能量。這確實是量子物理學家的驚人發現。然而，又是什麼使我們把物質背後運作的能量看成是「物質」呢？量子物理學家給出了答案：因為觀察者的想法，或說意識。是我們的意識賦予所有物質定義，例如石頭、木頭、桌椅、你和我。而我們的意識和物質其實是一樣的，它們的本質都是能量。

量子物理學家所謂的「觀察者效應」（Observer Effect），指的是被觀察的現象會因觀察行為而受到一定程度（或說很大程度）的影響。說得廣泛一點，我們幾乎沒辦法不影響我們所觀察的事物——頂多在程度上有所不同。我們作為觀察者的不同意識，往往決定了物質的來去生滅和一切表面所見。現象不同且千差萬別，其本質卻都是能量。

倘若沒有任何觀察者或任何意識存在，一切物質都是呈平等無分別的狀態。你可以認為它們「什麼都不是」，也可以認為它們「什麼都是」，這便是佛教所說的「空性」。

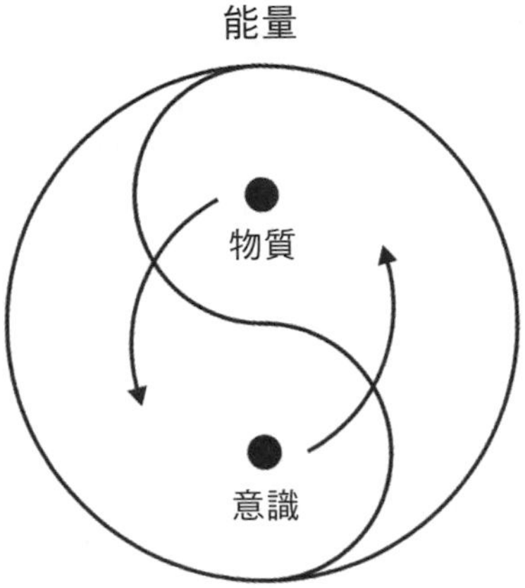

圖8-1　物質、意識、能量

你也許會問：「可是，這對賺錢又有什麼用呢？」我說，事實上太有用了。因為這表示物質、意識和能量其實是一體的（圖8－1）：

物質、意識、能量會因為觀察者的角度、順序，以及差異，或說局限，使我們常常只見其一（指物質的存在形式），不見其二（指意識的存在及意識和物質之間的轉化），更不見其「不二」（指物質和意識皆是不二的整體所創化的結果）。

「不二」是一切萬物的本質（圖8－2）：

如果我們想創造並顯化更多金錢，

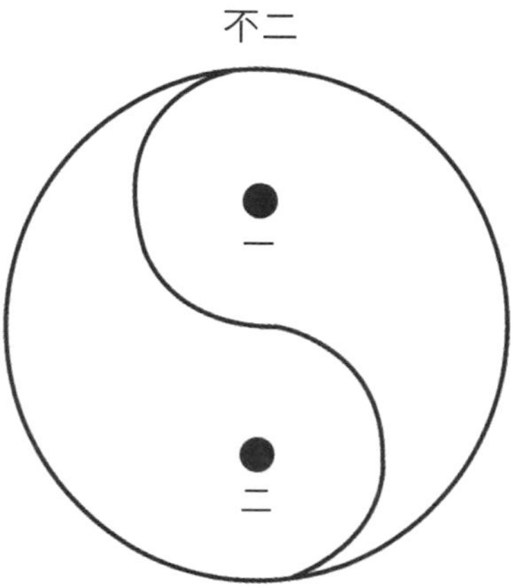

圖8-2　「不二」圖

就必須了解金錢背後真正造物主的身分。

難道不是嗎？我們可能認為那個造物主就是我們自己。這固然沒錯。但如果我們看到更進一步的真相就會發現：真正的造物主除了「大我」之外，再無他物。

我們的意識世界和物質世界，同出於一個共同的源頭，那就是「大我」。

宇宙中的三大財富法則

錢在宇宙中一直存在，等待我們去了解它，跟它溝通。我們現在要做的就是更進一步學習、通達這些法則。

我把財富的心靈法則歸納為三條：吸引力法則、系統平衡法則和能量不滅法則。

吸引力法則，又叫業力法則、因果法則或磁性原理。它告訴我們：有什麼因，就會有什麼果。正因為「種瓜得瓜，種豆得豆」，因果相隨，你想要什麼果，便要種什麼因。潛意識就是決定我們能否擁有財富的因，我們內心是什麼，就會常創造什麼、吸引什麼。我們可以把心比作磁鐵，「心有多大，世界便有多大」。

恐懼創造匱乏，喜悅創造豐盛。這也是吸引力法則運作中呈現的最基本現象。恐懼，表現在我們內在運作的負面情感模式和限制性信念上面；而喜悅，則表現出我們心無罣礙，能夠做自己喜歡的工作，為更多人乃至更多生命服務並創造價值。

系統的平衡法則告訴我們，人一旦與其他人、事、物有所聯結、互相影響，便構成了系統。每個人都是更大群體或系統的一員。人們隨時隨地都處於各種系統中，成為系統的一部分。一旦進入觀察的狀態，觀察者和被觀察者就會成為同一個系統。作為萬物之靈的人跟萬物互相依賴，而人也總是受到系統中其他人、事、物的影響。

人類所面臨的各種問題，都能在更深的系統層次找到相對應的原因和解決之道。

系統為了維持自體的存在和發展，會試圖讓狀態從不平衡推動到平衡，這也對系統中每個成員或要素構成了無形的制約。

系統對施與受的平衡有潛在的需求，這也會反映在金錢的失去或取得。

另一方面，我們的身、心、靈也是一個系統。在心靈裡，潛意識的個人良知和系統良知就像天平一樣，自然而然地維持這屬於每個人、每個人所在系統，以及來自外界的施與受的平衡。

很多人失去錢，是因為系統中有人從他人身上獲取不當利益，或對他人造成損失傷害。於是他們會為整體系統的失衡付出代價；反之亦然。很多人得到錢，也是因為系統平衡而得到了某種補償。

能量不滅法則，又叫作不二法則、守恆法則。萬物都是能量，而能量不生不滅。它會以各種各樣的形態存在，卻永不消失。生滅、來去是一切物質現象的兩端，能量的本質是不生亦不滅。正如一滴水，它會表現為汽、水、冰不同形態；它可以是動態，也可以靜止，以山泉、池沼、河流、湖泊、大海等不同樣貌出現，但本質上都是水。任何力量都無法使這一滴水永遠消失。

金錢也一樣，永遠都是能量，在宇宙中到處流動並轉化成各種形態，卻永不消失。從本質上來說，失去金錢和得到金錢都是一種幻象。失去的可能再回來，得到的也可能再失去。宇宙裡沒有任何一種能量會只維持一種固有的形態，金錢也不例外。

能量在地球上除了常見的各種物質形態，還有比物質更加精微的存在形態，那就是意識。物質是一種普遍的能量狀態，意識則是另一種能量形態，光則是最精純的能量形態。

創造金錢的本質，來自能量轉化或交換。如果我們能從根本上熟悉世上各種能量形態的轉變與規則，創造財富便是一件輕而易舉的事。

光是宇宙最精純的能量狀態之一，宇宙間沒有什麼比為一切生命和心靈創造光明更偉大的事了。

「空」——或許有人更喜歡稱之為「道」、「大我」——是最偉大的能量，是一切宇宙能量之母。如能回歸空性，創造一切皆有可能。

「錢是什麼」和「什麼是錢」

我們不要小看這兩個看起來再簡單也不過的問題，因為它們常反映出人們內心深層的潛意識對金錢的信念，也在不經意間暴露人們對金錢的無知和恐慌。

一些人在被問到「錢是什麼」及「什麼是錢」的時候，第一反應往往會愣住。顯然，關於錢，人們壓根兒就思考得太少了。即便是被再三追問後，人們所給出的答案也多半徘徊在表面層次——錢就是錢（貨幣）——而已。

這種答案本身就表明了一般人對金錢的認識都存在局限，這也意味著我們很可能對生活和金錢都缺乏創意。

我很少看到一般人對金錢抱持開闊又靈活的信念。

試想，如果我們能對金錢的形態及來源擁有更開闊的認知，金錢流向我們的管道和可能性是否會更多呢？若是如此，我們很可能將不再總是感到自己金錢匱乏。

在我看來，「錢是什麼」這個問題反映的是我們對金錢的定義；也就是說，我們對金錢的本質了解多少，例如：

錢是價值的體現

錢是一面鏡子

錢是一種關係

錢就是愛

錢是有情緒的

錢是一種能量

錢是一種能量的流動

錢是一種思想（想法、精神、意識、文化）

錢無所不在

錢是每個人對自己價值的肯定和象徵

錢是物質的、又是非物質的

錢是靈性的（神聖的）

……

我們試著理解這些觀點吧，每個觀點都給了我們新的角度。

而「什麼是錢」，則反映了我們對金錢價值現象或形態的理解。想想看，除了貨幣的形態之外，還有什麼是錢呢？再想一下，看得見的錢是什麼？而看不見的錢又是什麼？

我們可以把創意轉化為金錢嗎？

智慧可以是錢嗎？

信用可以是錢嗎

知識可以是錢嗎？

方法可以是錢嗎？

才能可以是錢嗎？
時間可以是錢嗎？
健康可以是錢嗎？
平安可以是錢嗎？
幸福可以是錢嗎？
快樂可以是錢嗎？
……

除了最普通常見的紙幣形態，能帶給我們價值感的一切事物中又有什麼不是錢呢？顯然地，我們對金錢的「非常態」了解得愈多，內心就愈開放，金錢流向我們的管道也就愈開闊。

前述兩個問題能幫助我們重新理解價值是什麼。理解了這兩個問題後，我們便會明白，創造金錢不如創造價值，創造價值不如重新定義價值；重新定義價值，最終能

財富的心靈法則十四

金錢是一種能量，會以各種形態在你身邊來去。

幫助我們在更多領域創造財富、創造金錢。

創造財富的三個層次

如何重新定義價值？我們不妨回到金錢的最基本定義：金錢是一種能量。

金錢是一種能量，我們的心靈也是一種能量。正如許多物質各自表現為固體、液體、氣體一樣，宇宙能量也有物質和意念等形態，以及最基本的空性狀態。因此，創造金錢和財富，也至少存在三個層次：

- 物質
- 價值感、思想、意念
- 空性（純粹的能量、光、無限可能性）

從物質世界來看，只要在人類集體意識裡具有價值，都可稱為財富。金錢在物質世界裡僅是財富的具象化，財富還擁有其他形態，例如紙幣、股票、黃金、白銀、古玩、土地、礦產、食物、工具等。

在精神世界裡，很多事物並不具物質形態，但同樣可以帶來財富，例如信用、權益、品牌、歸屬感、安全感、藝術和精神的享受等等。

光，是能量最純粹的形態之一。

這三個層次也是吸引力法則運作的三個層次。

從事傳統生產的大多數人，運用傳統的方法和工具，在第一個層次即物質層面創造金錢；也有愈來愈多人在第二個層次，即精神層面創造金錢，繼而開發出在愈來愈多的虛擬資源；然而，懂得在第三個純粹的能量層次創造金錢的人，仍然少之又少。

一個人如果內心充滿光明，財富自然不會遠離。

在未來，一個人如果懂得讓更多人內心充滿光明，也必然將成為世界上最富有的人。

財富的心靈法則十五

你的快樂，能為你帶來財富。

內心充滿光明的人，是怎樣的人呢？

他們必然是快樂的人，也是世上最了解能量運作法則的人。他們不僅善用物質資源，也善用想法和創意，讓自己的心歸於空性。

心靈成長為什麼有助於創造財富？

「長久的財富與致富之道無他，唯有做自己愛做的事，追隨金錢的心靈法則，於採取行動前善用能量與磁性原理，並過著於自己而言充滿愛與喜悅的生活而已。」——歐林叢書《創造金錢》

既然金錢是一種能量，就勢必遵循所有宇宙能量法則：吸引力法則（因果法則）、系統的平衡法則與能量不滅法則（不二法則）。

跟金錢溝通時，我常常會問：「我該如何運用這三個法則呢？」

金錢告訴我：「這三個法則的運作形式不同，本質上卻並無不同。」

我又問：「心靈成長為什麼有助於創造金錢呢？」

它卻說：「心靈成長就是創造金錢啊。」

是啊，擁有金錢，象徵著能量豐盛，是能量在三維空間的物質世界所表現出的形式之一。心靈的成長，意味著我們觀察者意識與內心格局的擴展。因為心有多大，世界便有多大。

心靈成長會帶給我們更多創造物質成果的方法，改善我們的生活品質，使生活充滿喜悅、活力與愛。愈專注於靈性成長，就愈容易心想事成。

靈性成長即是成為「大我」的過程。

我又問：「如何擴展我們的意識成為『大我』呢？」

金錢回答：「不過是體認到自己本來就是『大我』啊！」

我繼續追問：「又是什麼阻礙了我們體認自己就是『大我』呢？」

實際上，這個時候，我發現自己的內心已有答案。跟金錢溝通到最後，金錢就是「大我」，「大我」就是金錢。一直以來，都是「大我」在回應我。那些來找我的個案們、金錢、曾經教導我的靈性導師、內心的潛意識等，無一不是「大我」的化身。

歐林叢書裡提到：「靈性成長的第一步，就是釋放那些阻礙我們擴展自己意識的所有成見（各種強烈的執著和限制性信念）。」

在《零極限》裡，「大我」系統療法的大師修・藍博士也說：「支配經驗的定律只有兩個：來自神性（「大我」）的靈感，以及儲存在潛意識裡的記憶；前者是嶄新的，後者則是陳舊的。」他還說：「我們要持續清理，清理你意欲清理的事物，因為我們不知道什麼是記憶、什麼是靈感。通過清理，我們來到一個被稱為零極限的地方，也就達到了零的狀態。」

《從未知中解脫》則說：「記得我們的真實身分——崇高、無遠弗屆、永恆的靈——是超越一切人生困境的方法。」

有一天，我把自己觀想在光裡面，並問金錢：「我想要創造更多的光，創造更多的能量，應該怎麼做？」

金錢說：「那你就把這些訊息寫成一本書，去分享給更多人吧！」

ⓘ 重點整理

療癒你與金錢關係的溝通筆記

- ◆了解金錢是一種能量，會在我們身邊以各種形態存在或來去。
- ◆重新定義金錢的價值，能為你在更多領域創造財富。
- ◆心靈成長，也就是釋放那些阻礙我們的成見（即清理），能帶來更多財富。
- ◆長久的財富，即是做自己喜歡的事，過著充滿愛與喜悅的生活。
- ◆金錢希望你將從這本書中學到的事，分享給更多人知道。

特別收錄

如何跟金錢溝通？——12個簡單而有效的練習

練習 1

金錢冥想

基本方法與步驟：

1 拿出你有的最大面額的錢（紙幣），一張或數張。

2 雙手將紙幣合起於掌心，放空你的心。

3 接著，我們來感覺這張紙幣，僅僅感覺它就好。感覺它在我們掌心，允許它在掌心。

4 試著對錢說「你好」，並讓它做個自我介紹，傾聽它的聲音。記得讓你的心平靜下來，仔細聆聽。

5 檢視一下我們的感覺？是否感到溫暖或掌心感到愉快的溫暖？這是金錢的第一個特徵——它很溫暖。

6 接下來，看看你心裡是否出現一些畫面或想法，允許它自然發生。
例如，有一位女士第一次這麼做的時候，想起小時候母親從她嘴裡拿走一張紙幣的畫面。母親告訴她，錢很髒，還急忙帶她到洗手間清洗嘴巴，並警告她不許再把錢放進嘴裡，每次碰錢後一定要洗手。這件事對她造成的巨大影響是，她不再讓錢進入自己的生活，不允許錢接觸自己，因為她的潛意識裡，錢很髒。

7 也許我們會驚訝於所想起的畫面，也許已經有很長時間不曾想過這些事。但我們要感謝它浮現出來，然後放下它。

8 你也可以聽聽看，是否聽到任何聲音或字句。無論你聽到什麼，請允許這些聲音發出來，並對它說：「我同意。」

9 如果你在冥想中接收到任何負面的回饋，你要做的是：感謝這些畫面、聲音、感覺或障礙，並釋放它。任何負面訊息的浮現，都是給我們機會放下它。

10 先花幾天或幾個星期來做這個練習。練習完成後，請對金錢說：「謝謝你，我愛你。」

練習說明：

這個練習至少每天做一次，會為後面幾個練習打好基礎。

做這個練習時要閉上眼睛，會讓我們更專注，還能先觀想光在你和你的錢身上。

這個練習能培養我們對錢的感覺，並更了解金錢，進而改善我們和金錢的關係。我們跟金錢在一起的時間愈多，愈能感受到金錢的能量和價值。

跟金錢進行能量交流，可以培養覺察力，覺察那些來自潛意識的聲音、畫面、想法或各種訊息。試著理解它們如何主導我們與金錢的關係。

如此一來，你才能想像金錢更全面走入你生活時的模樣，並允許自己去感覺擁有金錢的喜悅。

想像錢讓你的生活變得更豐富精采的，這也是金錢向你表達自己的方式——讓人們生活的每一處都更豐富精采。

練習 2

利用紙片探索你跟金錢的關係

基本方法與步驟：

1 在地面上設置面對面的兩個位置，每個位置放一張紙。在其中一張紙上寫上「我」或你的名字，另一張紙寫上「金錢」。

2 先站在「我」的位置，看著「金錢」所在的位置，仔細感覺：

- 自己的身體有什麼反應？

● 身體想靠近「金錢」的位置更近一點、還是更遠一點？

● 想面對它，還是想轉身到其他方向？

● 是否有其他反應？

● 內心有什麼感覺？

● 以直覺感受內心是否有其他想法湧現？或想到哪些事？

3 接下來，離開「我」的位置，過一會兒後，改站在「金錢」的位置上，看著「我」或寫著自己名字的位置，試著感覺：身體有什麼反應？內心產生什麼情緒？有哪些想法呢？

4 離開「金錢」的位置，回到「我」的位置，此時想對金錢說什麼嗎？試著表達出來。

5 如果想移動位置，就試著移動到你覺得更適合自己、讓自己感覺更好的位置。

6 如果你不知道說什麼，就試著說：「對不起，請原諒我，謝謝你，我愛你。」

7 移動位置並說了些話之後，再試著站在「金錢」的位置，感受一下金錢的回應。此時身體有什麼感覺？內心的感受？有什麼想法要表達嗎？跟一開始有何不同？

8 如果需要，可以多做幾回合。直到覺得自己已經探索夠了為止。

練習說明：

這個練習是運用空間位置，也就是場域的力量，來探索我們跟金錢的關係。你也可以用這個方法來探索你跟其他人、事、物的關係，例如疾病、伴侶或其他人等等。

練習 3

用人作代表，探索你跟金錢的關係

基本方法與步驟：

1 在團體中找兩個人，指定他們兩個分別扮演你和金錢的角色。為了更好地呈現你跟金錢的互動，找的兩個代表要對身體感覺比較敏銳（通常女性比男性對身體和內心的感覺更敏銳一點）。

2 讓這兩個人相對站立，並隔開一定距離。

3 讓兩人放空腦中任何主觀想法，只需跟隨身體的感覺移動。我們透過專注觀察這兩人的移動和反應，來了解你跟金錢的關係。

4 請留意兩人以下的變化：

- 你的代表面對金錢的代表時，出現什麼反應？是往後退、還是往前靠近呢？他們之間的距離如何？

- 你的代表會一直看著金錢的代表嗎？還是轉頭看其他方向？
- 你的代表和金錢的代表看向對方的眼光是友善的嗎？
- 你的代表站得穩嗎？有沒有搖晃或想要倒下來躺在地上，以及其他身體反應？
- 金錢的代表願意看你嗎？願意往前靠近你嗎？
- 金錢的代表者站得穩還是搖晃想倒下？還有其他身體反應嗎？
- 代表們有什麼話是直覺裡想說出來的嗎？

練習說明：

根據兩位代表的反應，可以了解到你跟金錢的關係現狀。這個方法來自家族系統排列治療。因此，如果能在有經驗的系統排列治療師的指導下做這個練習，效果會更好。

這個練習對於擔任代表的人有一些基本要求：代表不能閉上眼睛，盡量放空自己的想法或意圖，專注於身體的感覺，並跟隨自己在場上接收到的感覺緩慢移動。

代表們的移動愈慢，說明他們的反應不是發自頭腦，而是來自內心深層，因此表現出來的也就愈真實。

兩個代表之間的距離遠近、目光是否對接、彼此面對的方向與位置、下意識想脫口而出的話，都直接反映了你跟金錢的關係。

一個人跟金錢的關係很好時，他的代表和金錢的代表都能互相看向對方、走近對方，甚至擁抱對方。

練習 4

清除潛意識裡的障礙——跟金錢有關的罪咎感

基本方法與步驟：

1 找一個獨處的空間，給自己至少三十分鐘，專注做這個練習。請先準備好一枝筆和幾張白紙。

2 靜靜地坐著，調整呼吸，讓自己處在身心放鬆的狀態。

3 接著用筆在紙上寫下這幾個問句：

- 關於金錢，從出生到現在，有什麼事是讓自己感到愧疚、自責，甚至罪惡？
- 關於金錢，從出生到現在，有什麼事讓自己感到不該做卻還是做了？
- 關於金錢，從出生到現在，有什麼事讓自己感到該做卻沒有去做的？
- 關於金錢，從出生到現在，有什麼事是自己一直不敢告訴他人的（對公眾或身邊某些人有所隱瞞）？

4 允許自己敞開心靈，面對內心幽暗隱祕的過去。對自己提問這些問題，問了之後就閉上眼睛，靜坐片刻。針對提問，允許自己回想過去發生的任何人、事、物，浮現任何可能的場景、畫面、情緒、感受或想法，並把它們記下來。

舉例來說，當你問了自己第一個問題之後，內心裡浮現出小時候偷拿班上同學書包裡的零錢買零食的記憶，就把這件事大致寫下來（包括大致的時間、地點、人、過程和結果等等）。

以此類推，繼續接下來的問題。

給自己充分時間完成這個步驟。

5 當你寫下了一些事件後，再閉上眼睛，好好觀想這些事件裡的每一個人，以及那些在光裡的金錢，對他們誠摯地說：「對不起，請原諒我，謝謝你，我愛你。」

6 說完後，你再試著感覺這些人或金錢在光裡對你有什麼回應？憑直覺去感應他們。無論他們有什麼反應、要告訴你什麼，都沒有關係，在心裡面同意並允許這一切自然發生。

7 最後，觀想他們都在光裡離開。然後慢慢睜開眼睛。

練習說明：

對自己提問之後，憑直覺想到什麼就寫下來，不用去分析原因或評判。允許自己寫下任何在腦海中浮現的人或事物，只需去理解這些人與事物如何影響你。這個練習有助於我們探索內心對金錢的罪咎感，而這些感覺常常來自潛意識，並對我們的生活造成深遠的影響。

不管出於什麼原因，當我們感到罪惡感時，我們會想做什麼呢？通常會在無意識中讓自己受苦，有時是生病，有時是失去我們擁有的事物——金錢、物品，甚至是一些好機會。

所以，如果你做過一些感到罪惡的事，很容易在無意識中為它付出代價。

後半的步驟中，我們所進行的是幫助自己釋放心中的罪咎感。當我們可以帶著愛去看這些我們曾經傷害的人，勇於承擔罪咎感而非一味逃避，此時就能找回自己的力量。否則我們會繼續失去力量。失去金錢，也是失去力量的體現。

經由心靈溝通，我們可以把盲目的自我懲罰，轉化成敢於承擔的勇氣。而那些無意識的阻礙，也能轉化為對方的寬恕和祝福。

練習 5

發現你的限制性信念

基本方法與步驟：

1 試著檢視以下列舉出來的限制性信念。有些可能符合，有些可能不符合。不管怎樣，都請先逐條看一遍。

例如，在商業上的限制性信念常包括：

- 不夠資格做大生意
- 小生意賺不了錢
- 恐懼投資失敗
- 討厭（不喜歡）跟（某些）客戶打交道
- 做業務就是要（騙）客戶的錢
- 害怕被拒絕
- 覺得自己的產品或服務不夠完美
- 害怕借債，還不起錢
- 害怕被催債
- 做生意就是你虧我贏
- 只有通過弱肉強食、競爭勝利才能賺錢
- 做生意就是爾虞我詐
- 沒辦法和別人合作，不信任跟自己合作的人

- 做人或做生意要小心翼翼，否則會被占便宜
- 覺得自己不適合當老闆
- 恐懼失敗
- 市場不景氣，很難賺

一般人常見的限制性信念：

- 凡事討價還價
- 什麼都要省
- 覺得自己毫無價值感，只用舊東西
- 覺得東西太貴，買不起
- 擔心錢不夠或沒錢
- 愛一個人，就要複製他們（如父母）的習慣，例如貧窮
- 家裡太窮，不是有錢的命

- 不值得、不配擁有好的物質生活
- 買任何東西都要殺價，覺得商家賺太多
- 太有錢會不安全，擔心自身安危
- 害怕錢花掉就沒了，所以只賺不花
- 要窮得有骨氣
- 貪婪是罪惡
- 貧窮是罪惡
- 我沒有那麼大的福報
- 錢是骯髒、不乾淨的
- 討厭有錢人，有錢人都為富不仁
- 討厭借錢的人
- 怕被借錢不還，怕錢會影響人際關係
- 覺得賺錢沒有意義

- 人生無論擁有什麼都沒有意義
- 害怕財富超過我的兄弟姊妹、父母、朋友、師長
- 討厭跟別人打交道，人都是勢利的
- 不想幫助別人，人都是自私自利的
- 我不值得別人幫助
- 我一定要改變別人
- 習慣拖欠（拖延）
- 賺錢就要做自己不喜歡的事
- 賺錢一定要心狠
- 賺錢要經過一番艱苦奮鬥
- 賺錢很難
- 害怕賺客戶的錢
- 只想賺客戶的錢

- 不尊重錢
- 太吝嗇
- 擔心發生壞事
- 湊合、將就著用就好
- 不相信好事會發生在自己身上
- 不願接受別人的給予
- 不相信宇宙是豐盛的，相信匱乏
- 資源有限
- 不相信奇蹟
- 賺錢是大人的事，把自己看成孩子
- 不敢承擔，逃避生命
- 想死，內心有離世的動力
- 恐懼、害怕、擔心（如失去、死亡、分離、貧窮、愛、年老、失業、受傷、失敗、孤獨、與人聯結、上臺、接觸別人眼光、被拒絕、受批評、負面、接受、自己的恐懼……）。

在靈性、宗教上較常見的限制性信念包括：

- 金錢是不好的
- 一切戰爭、衝突、禍亂都是因為錢
- 不能擁有錢，因為要有出離心
- 害怕因為過去做的一些不好的事而受責罰
- 人到世上來都是來贖罪的
- 覺得自己有罪
- 要代替別人贖罪
- 輕視自己內在的佛性（神性）
- 做人要安貧樂道

- 只想做志工，不敢要回報
- 不值得擁有好的事物
- 不可以擁有太多錢，會阻礙一個人的「往生」
- 有錢是罪惡
- 我沒有那麼大的福報
- 錢是骯髒、不乾淨的

2 關於財富的限制性信念，若以0～10分來打分數，請思考你對所符合的這些信念，執著的程度大約落在幾分。

3 如果你對某些信念的執著程度超過5分，不妨好好檢視自己：這些信念是什麼時候開始的？是誰告訴自己的？這個信念是真的嗎？我們可以有其他選擇嗎？並把更適合自己的信念，用紅筆寫在這個信念旁邊。

練習說明：

這個練習有助於發現我們內心潛藏的限制性信念，而很多人通常沒發現自己擁有這些信念。

人們對金錢的恐懼和擔憂，常常以限制性信念的形式而存在。覺察、觀照潛意識裡關於金錢的限制性信念，有助於探索並進一步轉化它們。

如果你感覺自己無法獨立完成這個練習，就讓專業心靈溝通師來引導你來完成整個探索過程。

練習 6

深入探索你的限制性信念

基本方法與步驟：

1 當你在練習5中覺察到自己對金錢擁有某些限制性信念，那麼透過這個練習，可以幫助你更深入探索。

2 給自己至少三十分鐘，讓自己獨處，靜坐片刻，並放鬆身心。

3 拿出事先準備好的紙筆。寫下你發現自己擁有的限制性信念。然後閉上眼睛，進入潛意識放鬆冥想的狀態。

4 允許自己自由浮想，在內心裡允許自己被這個信念帶領著回溯過去。你可以把自己交由這個問題來引導：過去發生了什麼事讓我產生這些念頭或想法？

5 當你想到某件事，允許自己浮現當時的情境、聯結到某些人、覺察當時的感受。在內心重溫這件事時，記得是要面對而非逃避。整個過程中你都可以觀想光在自己身上。如果不想進行下去，可以隨時喊停，並睜開眼睛。記住，這個練習只是允許自己再現事件的原貌，並不需要分析事件發生的原因，或是評判某個人。

6 然後，當你內心重溫了這件事後，再問自己：更早之前還發生過類似的事嗎？允許自己繼續回溯，浮現相關的畫面、人物或場景。

7 當你全數回溯之後，就停下來告一個段落，並引導自己轉識成智，問自己幾個問題：

- 我從這些關於金錢的事件中看到了什麼？
- 我看清楚了自己對金錢的限制性想法嗎？
- 我學習到什麼？
- 我還領悟到什麼？

然後結束這個練習。

練習說明：

這個練習適合於深入探索自己的限制性信念，並釋放潛意識裡對金錢的恐懼，清理賺錢的阻礙，增加對財富的吸引力。

除了內在冥想、回溯的方式，你還可以用類似寫日記的方式去回溯，把回溯的事件內容，像寫日記一樣寫下來。

如果回溯的內容過於沉重，導致你無法獨自進行這個練習，這說明了這件事對你影響最大。此時不妨去找有經驗的心靈溝通師來引導你，哪怕要付費也該去完成它。

練習 7

跟金錢進行深度溝通

基本方法與步驟：

1 在團體中進行。

2 找一個人扮演主持人的角色，另一個人扮演「金錢」的角色。扮演「金錢」角色的人必須是較容易進入潛意識放鬆狀態的人。

3 主持人蒐集並寫下團體中每個人想了解對金錢的問題。

4 每個人都可以提出自己對金錢較關心的問題。例如：

- 金錢是怎麼來的？以後會去哪裡？

- 成為金錢之後，有什麼想法和以前不同？
- 金錢對使用者有何建議？
- 金錢喜歡怎樣的人？不喜歡怎樣的人？
- 金錢喜歡流向哪裡？
- 金錢希望人類如何使用它？
- 如何賺更多錢？
- 對於某個行業，金錢有何看法？

5 拿出一些錢，新臺幣或任何貨幣都可以，放在扮演「金錢」角色的人身邊，一個他看得到的位置，以利他進行觀想。

6 然後，主持人引導「金錢」角色的扮演者充分放鬆身心，進入潛意識放鬆狀態。

7 引導他觀想光在自己的身上，完全打開內心融入「金錢」，完全成為「金錢」。

8 引導他完全融入「金錢」之後，大家可以去了解他成為「金錢」後的想法，並將所有列出的問題逐一對「金錢」扮演者進行提問，再由扮演者作為「金錢」一一回答。所有問題可以交由主持人代為提問，當然也可以在溝通過程中讓其他人一起參與提問。

9 「金錢」回答提問之後，主持人引導扮演「金錢」角色的人退出角色，將注意力回到自身，並睜開眼睛。

練習說明：

這個練習可以幫助我們了解金錢的想法（人類集體意識、智慧），獲得使用金錢、賺取財富的智慧。

練習8

練習向金錢打招呼

基本方法與步驟：

1 列出你向金錢打招呼時想說的話，至少七句以上。這些話愈符合你的個性和脾氣愈好。

2 首先，在意識中把金錢看成一個朋友，至少看成是一個人。如果金錢是人的話，你會把它想像成身邊哪個人的模樣呢？是男人還是女人呢？無論這個人長得什麼模樣，都請你相信自己的直覺。

3 接著想像你每天都會不經意地碰到他（她）。你希望跟他（她）建立起友誼，那麼你朝他（她）打招呼時會說些什麼呢？

4 再試著想像，如果你是錢，最想對他（她）說的話是什麼？他（她）會希望你怎麼跟他（她）溝通？例如：

- 錢啊，歡迎你來到我的生活中。你是無限豐足的。無論你以什麼形態存在，我都喜歡你。
- 錢啊，感謝你豐盛了我的生命！你讓我感到充實、溫暖。
- 錢啊，我愛你，請你帶著更多兄弟姊妹來到我這裡，我一定好好發揮你的價值。
- 錢啊，願你像潮水一樣湧到我身邊。我會把你分享給更多人、做更多有價值的事，讓更多人感到快樂。
- 錢啊，我要懺悔過去對你做過不該做的事。我沒有好好珍惜你在我身邊的日子。對不起，請原諒我，謝謝你，我愛你。
- 錢啊，我每天思考如何為世界創造更多價值來榮耀你。
- 錢啊，我相信你的流動，即使暫時離開我，也會再回到我身邊，並且帶更多朋友來我這裡。因為我知道你是迴圈的。
- 錢啊，我愛你家族的每一位夥伴。歡迎你帶他們來找我，我也會像對待你一樣珍惜他們。

- 錢啊，我喜歡你的味道。
- 錢啊，我喜歡你帶給我的感覺。收到錢的感覺和花掉你的感覺都是如此快樂。
- 錢啊，我很享受你帶給我的一切。你讓我總是想到那些快樂的事。
- 錢啊，我喜歡你不斷增加時的感覺。

練習說明：

能量運作的最重要方式：語言和觀想。

每天早晚，你都希望對金錢說些什麼，來讓他（她）喜歡來你這裡？你會用怎樣的語氣對他（她）說話？怎麼稱呼他（她）？

除了發揮想像力之外，試著做這個練習吧。也許第一次、第二次你不習慣，還會覺得很怪，但正因如此，你才需要這個練習。

練習 9

觀想金錢來到你身邊的七條路徑

基本方法與步驟：

1 想想金錢以往是如何來到你身邊，並描述你收過最大一筆錢時的經驗和感覺。

2 你看到當時的畫面是什麼樣子？你看到什麼，讓你知道這筆錢從此屬於你了呢？你是否聽到了什麼？你內在有何感受？你覺得身邊多出了什麼？有誰跟你一起分享這份快樂呢？

3 再想出六個以上金錢流到你身邊的管道和方式，並在想像中把它更生動具體。幻想也沒關係，但要想得愈仔細愈好：

- 你看到什麼畫面？畫面中有什麼？
- 你聽到什麼？那是怎樣的聲音？

- 你的身體感覺到什麼？
- 你聞到什麼？
- 你的嘴巴嚐到什麼味道？
- 你的心情如何？
- 有什麼想法和感受？
- 有誰分享你的喜悅？

練習說明：

你愈是觀想金錢來到你面前的具體情境，愈可能在生活中創造出這個情境。

練習過程中愈自由愈好、愈快樂愈好、愈具體詳細愈好。

練習 10

睡前原諒所有人和事

基本方法與步驟：

1 閉上眼睛，觀想你今天遇到的所有人和事，允許他們像電影一樣在腦海裡重播。

2 如果你發現腦中一直重播某個人或某件事，那麼請觀想光在這個人身上，或在這件事的背景畫面裡。

3 無論此刻你有什麼感受，都允許它發生和存在。並呼喚你的「大我」，對「大我」說：「對不起，請原諒我，謝謝你，我愛你。」

4 然後，把注意力放在呼吸上。再繼續，直到你的內心獲得平和。

練習說明：

過去的就讓它過去吧。這個練習也可以用來清理你潛意識裡的人際關係障礙或財富障礙。無論今天發生了多麼糟糕的事，都試著不去怨恨別人，讓自己負起百分百的責任；讓心回到平和的狀態。

練習11

讓金錢流動

基本方法與步驟：

1 想出至少七個你平時最喜歡花錢的管道或地點，讓你的金錢流動到你喜好的事物那裡。

2 再想出至少七個你願意為他（她）花錢的人。

3 列出來之後，再仔細想像你把錢流到那些地點或那些人手裡時，你有何感覺，以及當中每個人的感覺。

4 從宇宙的角度而言，花錢就是賺錢。每個人花錢的方式並不一樣，有人喜歡旅行、有人喜歡服飾、有人喜歡美食、有人喜歡運動、還有人喜歡房子、投資……這都因人而異，每個人有不同的選擇，你要找到自己的選擇和感覺。

練習說明：

讓金錢流到那些讓你感覺好的事物上，你的生命就會愈來愈富足。金錢，一直在流動，就像河流般地流動著。

許多富有的人並沒有很多現金，卻擁有很多資產。因為他們把錢不斷流出去，流到那些生錢的地方。

請讓錢流出去吧！如此一來，錢也會流進你的口袋。如果你的錢沒有流出去，更多的錢就進不來了。

創造價值的本質，就是創造讓人感到由衷快樂的事物。

在金錢的流動上，你有兩個選擇：一是流向讓你感覺好的事物上；二是流向讓你感覺不那麼好的事物上。

當你把錢流向那些讓你感覺不好的事物時，流回來的錢就會變少；當你把錢流向讓你感覺好的事物時，錢則會加倍地流回來。

練習 12

運用本書的方法幫助你身邊的朋友

基本方法與步驟：

1 根據本書的觀點和練習方法，把身邊的每個人，尤其是在金錢上感到匱乏的朋友，當成你播種財富種子的田地。

2 思考如何幫助身邊的朋友：

- 幫他做一次心靈溝通，回溯過去發生的事，釋放潛意識裡的負面記憶
- 把這本書送給他

- 引導他進行一次金錢冥想
- 或跟他分享你看了這本書的收穫

練習說明：

他人是你潛意識的一部分。

你幫助了別人之後，不要刻意去想會帶給你的結果。從播種到結出果實總是需要一些時間，你只要從幫助他人的過程中感受到快樂就好。

參考書目

- 江本勝《生命的答案，水知道》，如何出版社，二〇〇二年九月。
- 珊娜雅・羅曼、杜安・派克《創造金錢：吸引豐盛與人生志業的教導》，生命潛能出版社，二〇一七年四月。
- 麥可・羅區格西、克莉絲蒂・麥娜麗喇嘛《當和尚遇到鑽石（增訂版）：一個佛學博士如何在商場中實踐佛法》，橡樹林出版社，二〇〇九年十一月。
- 尼爾・唐納・沃許《與神對話》，方智出版社，一九九八年五月。
- 麥可・羅區格西、克莉絲蒂・麥娜麗喇嘛《當和尚遇到鑽石2：善用業力法則，創造富足人生》，橡樹林出版社，二〇〇九年十一月。
- 喬・維泰利、伊賀列卡拉・修・藍博士《零極限：創造健康、平靜與財富的夏威夷療法》，方智出版社，二〇〇九年三月。

● 石川拓治《這一生，至少當一次傻瓜——木村阿公的奇蹟蘋果》，圓神出版社，二〇〇九年九月。
● 伯特・海靈格《心靈活泉：海靈格家族系統排列精華讀本》，廣東經濟出版社，二〇一一年十月。
● 伯特・海靈格《成功的法則——系統排列中的隱祕力量》，世界圖書出版公司，二〇一二年一月。
● 伯特・海靈格《成功的序位——企業管理中的隱祕力量》，世界圖書出版公司，二〇一二年六月。
● 伯特・海靈格《成功的人生——系統排列中的隱祕力量》，世界圖書出版公司，二〇一二年一月。
● 吳中立《與道同行：系統排列治療的實踐與探索》，吳中立個案工作室。
● 吳中立《重塑療法：如何有效而深入地做心理治療》，九州出版社，二〇一四年三月。

● 羅伯特・舒華茲《從未知中解脫：10個回溯前世、了解今生挑戰的真實故事》，方智出版社，二〇〇九年三月。

Life
005

財富的心靈法則
全面療癒你和金錢的關係，讓錢自動流向你

作　　者　吳中立

責任編輯　魏珮丞
特約主編　周奕君
封面設計　兒日設計
排　　版　JAYSTUDIO
總 編 輯　魏珮丞

出　　版　新樂園出版／遠足文化事業股份有限公司
發　　行　遠足文化事業股份有限公司（讀書共和國集團）
地　　址　231 新北市新店區民權路 108-2 號 9 樓
郵撥帳號　19504465 遠足文化事業股份有限公司
電　　話　(02)2218-1417
信　　箱　nutopia@bookrep.com.tw

法律顧問　華洋國際專利商標事務所 蘇文生律師
印　　製　呈靖印刷

初　　版　2020 年 07 月 22 日初版 1 刷
　　　　　2024 年 02 月 27 日初版 7 刷
定　　價　380 元
I S B N　9789869906012
書　　號　1XLE0005

新楽園
Nutopia

・新樂園粉絲專頁・

國家圖書館出版品預行編目（CIP）資料

財富的心靈法則：全面療癒你和金錢的關係，讓錢自動流向你／吳中立著，—— 初版 —— 新北市：
新樂園出版：遠足文化發行，2020.07
320 面；14.8 × 21 公分 ——（Life；5）

ISBN 978-986-99060-1-2（平裝）

1. 成功法 ／ 2. 生活指導

177.2 109009088